Alles Liebe, Johannes Strähle

April 2017

Der Garten ist der letzte
Luxus unserer Tage,
denn er fordert das,
was in unserer Gesellschaft am
kostbarsten geworden ist:
Zeit, Zuwendung und Raum!

Adrian Sortmann

Das Gartenjahr

Eine Liebeserklärung an meinen Blumengarten

Schritt für Schritt durch die Jahreszeiten
mit vielen Anregungen zur Gartengestaltung

Bibliografische Information der Deutschen Nationalbibliothek: Die Deutsche Nationalbibliothek ver-
zeichnet diese Publikation in der Deutschen National-
bibliografie; detaillierte bibliografische Daten sind im
Internet über dnb.dnb.de abrufbar.

Herstellung und Verlag:
BoD – Books on Demand, Norderstedt

ISBN 978-3-7412-3719-5

Vorwort

Als Österreicherin 1946 geboren und in Oberösterreich als Gärtnerskind aufgewachsen, wurde mir die Liebe zu Blumen und Pflanzen in die Wiege gelegt. Schon im frühen Kindesalter half ich mit Begeisterung und Freude meinem Vater in der Gärtnerei. Leider war es in den sechziger Jahren für mich nicht möglich, den Beruf des Gärtners zu erlernen, denn es gab auf dem Land keine entsprechenden Ausbildungsmöglichkeiten. So ist mein Traum erst viel später in Erfüllung gegangen, als wir ein Haus gebaut und rundum einen Garten angelegt haben. Diesen Garten habe ich selbst geplant und gestaltet und habe meine Erfahrungen, die ich in 35 Jahren in meinem Garten gesammelt habe, aufgeschrieben.

Diesem Buch liegt mein Gartenblog johanna-loibl-gartenblog.de zu Grunde, den ich nun in zusammenfassender und ausführlicher Erweiterung an viele Gartenfreunde weitergeben möchte. Alle Bilder, außer den Landschaftsbildern auf den Seiten 4, 7 und 132, sind in meinem Garten entstanden.

Es ist kein Garten zu klein, um nicht wenigstens ein Beet geschmackvoll in der Pflanzenauswahl und in den Farben harmonisch zu gestalten. Ich möchte die Freude und die Bereicherung, die mir mein Garten gibt, mit vielen Menschen teilen.

Ich bin stolz und dankbar, ein winzig kleines Fleckchen Erde von dieser großen weiten Welt besitzen zu dürfen. Darum begegne ich meinem Garten mit viel Liebe, aber auch mit Ehrfurcht und Respekt. Ich bin bemüht, mein kleines Reich auf naturnaher und biologischer Basis zu pflegen und zu erhalten.

Danksagung

Mein erster Dank gilt meinem lieben Mann Heinz, der die Bearbeitung der Bilder und die Formatierung des Textes sehr genau ausführte. Für die kritische Durchsicht des Manuskriptes danke ich herzlich Christine Tecza. Die druckgerechte Ausarbeitung hat freundlicherweise Nina Eichinger übernommen, wofür ich ebenfalls herzlich danke.

Durch die Unterstützung der ganzen Familie war es möglich, dieses Buch zu vollenden.

Johanna Loibl, im Juli 2016

Ein chinesisches Sprichwort sagt:

Willst du ein ganzes Leben lang glücklich sein,
so pflanze dir einen Garten.

Inhaltsverzeichnis

Ich wünschte, ich könnte meine Leidenschaft an der Gartenkunst der ganzen Welt einflößen.
Wer von dieser Leidenschaft hingerissen wird,
der einzigen, die mit dem Alter zunimmt,
legt von Tag zu Tag diejenigen immer mehr ab,
welche die Ruhe der Seele oder die Ordnung der Gesellschaft stören.

Charles Joseph de Ligne

Januar

ein kalter, aber schöner Wintermonat

Jetzt „schläft" die Natur und der Garten. Der Winter mit Schnee kommt ja immer später, oft erst in der zweiten Hälfte des Januars. Der Garten ist gut auf die kalte Jahreszeit vorbereitet und so fallen auch kaum Tätigkeiten für den Garten an.

Welche Gartenarbeiten im Januar auf mich warten

Der phänologische Kalender

Es gibt den phänologischen Kalender, der in der Landwirtschaft und für die Gartenbaubetriebe als Wegweiser für die Kulturen und Aussaaten im Jahr von Bedeutung ist. Der phänologische Kalender entstand aus jahrzehntelangen Beobachtungen und Aufzeichnungen des Deutschen Wetterdienstes und des Naturschutzes. Dieser Kalender teilt das Jahr nicht in 4 Jahreszeiten, sondern entsprechend der Natur in 10 Jahreszeiten ein. Sie dauern unterschiedlich an und legen sich nicht genau auf den Tag fest. Sie richten sich nach den regionalen Landstrichen und der von Jahr zu Jahr unterschiedlichen Entwicklung der Natur. Der phänologische Kalender wird von den Landwirten und Gartenbaubetrieben gerne genutzt, um den richtigen Zeitpunkt für Aussaat und Ernte zu finden. Selbst für den privaten Gartenbesitzer ist es von Vorteil, die unterschiedlichen Blüh- und Fruchtfolgen des einzelnen Jahres zu kennen. Für die Wissenschaft ist dieser Kalender von großer Bedeutung, denn er zeigt die ständig steigende Erderwärmung an.

Der **Winter** beginnt im phänologischen Kalender bereits im November und dauert bis in die dritte Woche des Februar.

1

Sollten die **Rosen** und empfindlichen Stauden noch keinen Winterschutz haben, dann ist es jetzt an der Zeit, sie **mit einem Vlies zu schützen.** Im Januar kann der Frost ziemlich heftig werden, denn die Sonne steht noch sehr flach am Horizont. Das Vlies bietet Schutz vor Kälte, aber auch, was noch wichtiger ist, vor der Sonne. Wenn Ende des Monats die Sonne wieder höher steigt, nimmt sie an Kraft zu. Die vom Frost erstarrten Zweige würden durch die Sonnenbestrahlung, die dann eine gewisse Wärme erzeugt, Schaden erleiden. Die Rinde der Zweige platzt auf, trocknet aus und erfriert. Aus diesem Grund dient das Vlies den empfindlichen Gewächsen auch als Beschattung. Dieser Winterschutz sieht außerdem recht hübsch aus, wenn die Rosen wie braune Männchen im Beet stehen.

Bei aller Winterruhe sollten wir unsere Gartenvögel nicht vergessen. Sie kommen jetzt fleißig zum **Futterhaus.** Daher ist es wichtig, dass die Futterstelle beobachtet wird. Das Futter muss trocken und frei von Vogelkot sein. Notfalls reinige ich das Häuschen zwischendurch, denn es könnten sich Krankheitserreger einnisten und meinen gefie-

derten Freunden schaden. Ich biete das Futter fast nur noch in Futtersäulen an, wo eine Verschmutzung ausbleibt, es sei denn, ein Futterhaus ist so konstruiert, dass das Futterangebot nur portioniert zur Verfügung steht und die Tiere nicht in den Körnern sitzen.

Ich bin überzeugt, dass es für die Wintervögel sehr von Nutzen ist, ein ausgewogenes und vielfältiges Futter anzubieten wie verschiedene Saaten, Erdnüsse, Haferflocken und Fettknödel. Nur so kann ich davon ausgehen, dass Meisen, Spatzen, Kleiber, Rotkelchen, Grünfinken, Buchfinken, Gimpel und der Zaunkönig, der sich blitzschnell in den Büschen bewegt, alle gut über den Winter kommen. Sogar der Buntspecht freut sich über das Angebot von Fettknödeln und Erdnüssen. Auch die schönen und seltenen Gimpel besuchen meinen Garten. Allerdings kommen sie kaum zum Futterhaus, sondern verspeisen die Knospen der Blutpflaume im Nachbarsgarten.

Die Amseln werden auch nicht vergessen, sie bekommen die schon alten und geschrumpelten Äpfel halbiert in den Schnee geworfen. Die

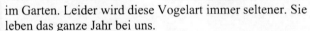

Äpfel locken eine Wacholderdrossel an, die sehr streithaft diese Leckerbissen verteidigt. Noch vor ein paar Jahren hatte ich viele Wacholderdrosseln im Garten. Leider wird diese Vogelart immer seltener. Sie leben das ganze Jahr bei uns.

Für die Türkentauben und Amseln stelle ich in Bodennähe ein offenes, überdachtes kleines Haus auf und streue Getreidekörner und Haferflocken mit etwas Rosinen ein. Die Katzen gehen an diese Vögel kaum heran, denn sie sind ihnen etwas zu groß. Viele Türkentauben sind jetzt im Garten, sie sitzen auf der Felsenbirne und lassen ihr Gefieder zur Mittagszeit von der Sonne wärmen. Sie begegnen sich sehr friedvoll und anmutig. Mit ihrem scheuen Verhalten wirken diese Tauben etwas unbeholfen, trotzdem mag ich sie gern. Sehr früh im Jahr beginnen die Paare mit dem Nestbau und der ersten Brut. Bereits Ende Januar legen sie aus Zweigen in einer Astgabel sehr lose grobes Nistmaterial zusammen, um darin ihre Eier auszubrüten. Die Fütterung

der Jungtiere erfolgt wiederum etwas eigenartig. Um diese Zeit gibt es weder Insekten noch Samenkörner. Die Getreidekörner, die sie in ländlicher Umgebung und Gärten finden, werden in ihrem Kropf mit Flüssigkeit zu einem Brei verarbeitet und den Jungvögeln so verabreicht. Auch zur wärmeren Jahreszeit haben die Türkentauben Nachwuchs, denn sie brüten meist bis zu fünfmal zwei weiße Eier aus. Diese Tauben sind immer paarweise zu sehen und zeigen sich turtelnd und liebend. Mit ihrem schwarzen Halsring sind sie nicht mit anderen Wildtauben zu verwechseln. Sie bleiben ein Leben lang ein Paar, das empfinde ich als eine sehr vorbildliche Lebensweise. Ich bin sehr froh, dass in unserem Teich im Winter das Wasser fließt, so kann er nicht zur Gänze zufrieren und dient zu dieser Zeit zur Tränke und Badefreude der Vögel.

Ganz selbstverständlich ist es natürlich, dass bei **Eis und Schnee** die Wege rund um das Grundstück geräumt werden. Bei Eisglätte streue ich Splitt, möglichst ohne Salzbeimengung. Salz ist ein schlechtes Streumittel, es schadet dem Boden und den Bodenlebewesen, natürlich auch Hund und Katze. Asche ist ganz alleine für den Restmüll bestimmt.

Ein kleiner Tipp für den Gartenrasen

Wenn der Schnee ausbleibt, aber dafür starker Frost herrscht, sollte man eigentlich den Rasen nicht betreten. Die Grashalme sind gefroren und brechen daher bei einer Belastung sehr leicht ab. Zu viele Fußspuren im Gras hinterlassen im Frühling unschöne Spuren, auch wenn sich später Schnee darüber gelegt hat. Ein guter organischer Rasendünger wird die Schadstellen im Frühling wieder ausmerzen.

Wie schön kann doch der Winter sein!

Gibt der Winter uns die Ehre und hat es genug geschneit, stehen uns herrliche Wintertage bevor. Diese Zeit nutze ich, um schöne Spaziergänge zu machen.

Die klare Kaltluft und die Sonne sind für den Körper wohltuend und erfrischend. Die langen Nächte haben bereits ihren Höhepunkt überschritten und das Tageslicht legt ganz langsam Minute für Minute zu.

Die Samthortensie steht stolz im Vorgarten und trotzt Wind und Sturm. Hat es geschneit, trägt sie mit Würde auf ihren filigranen Blütenrispen die federleichten Schneemützen.

Wie hat es diese Nacht gereift!
Mein Gott, wie grimmig stark muss es gefroren haben!
Wie schwirrt und schreit, wie klirrt und pfeift
Der Schnee bei jedem Tritt!
Fast alles droht zu erfrieren,
Fast alles droht für Kälte zu vergehen.

Barthold Hinrichs Brockes

Dick verschneit zeigt sich der übrige Garten. Eingehüllt in Schnee stehen Buchse und die eingepackten Rosen still, geduldig tragen sie die Schneelast. Sollte der Schnee zu hoch auf den Buchskugeln liegen, ist es ratsam, sie von ihrer Last zu befreien. Der Strauch kann dann wieder besser belüftet werden und der gefürchtete Buchspilz hat weniger Chance sich einzunisten. Dieser Schädling überdauert ja eine Kälte von bis zu -20 °C.

Es ist ein besonderes Schauspiel der Natur, wenn der Raureif den Garten in eine märchenhafte Bühne verwandelt. Durch tiefe Temperaturen und feuchte Luft gefrieren die Wassertröpfchen zu Eiskristallen an jedem Zweig und Halm. Alles was im Garten steht, wird vom Raureif verzaubert. Wenn sich dann am Morgen die Sonne durch den Nebel kämpft, ist das Winterwunder perfekt. An solchen Tagen sollte, wer kann, möglichst bald am Vormittag in die Natur hinausgehen, denn die Sonne macht dieses Ereignis schnell zunichte. Durch die Sonnenwärme, die schön langsam wieder zunimmt, rieselt der Raureif wie ein weißer Vorhang zu Boden und die Vorstellung ist zu Ende.

Die niedrigen Ziergräser, die ich im Herbst stehen ließ, werden jetzt von Raureif und Pulverschnee in kristalle Kunstwerke verwandelt. Hohe Gräser dagegen binde ich zusammen, der Wind hätte sonst ein leichtes Spiel mit den Halmen und sie würden zerzaust am Boden liegen.

Leider hat ein noch so schöner Raureif auch seine Schattenseiten. Im süddeutschen Raum erleben wir sehr oft durch Föhneinbruch ein schnelles Ende der Winterpracht. Der Föhn entsteht dann, wenn sich feuchte Luft an den Südhängen der Alpen staut

und als Regen oder Schnee abgegeben wird. Die Luft hat den Großteil der Feuchtigkeit verloren, den Alpenhauptkamm überwunden und kommt als trockener Fallwind, der sich schnell erwärmt, im Alpenvorland an.

Bei solchen Wetterkapriolen müssen wir sehr vorsichtig sein, denn fällt dann noch Regen auf den gefrorenen Boden, bleibt das unvermeidliche Glatteis nicht aus. Jeder Baum und Strauch überzieht sich mit Eis, was wiederum sehr hübsch aussehen kann, aber sehr gefährlich ist.

Frühlingshafte Temperaturen sind die Folge und heben bei vielen Menschen die Sehnsucht nach dem Frühling. Diese Gedanken sind aber noch viel zu früh, schließlich befinden wir uns mitten im Winter.

Die Schneeglöckchen, die oft schon zu Weihnachten ihre schmalen Blätter aus der Erde geschoben haben, zeigen uns verfrüht ihre weißen Glöckchen. Ein erneuter Schneefall und Minusgrade können dem Schneeglöckchen nichts anhaben. Die Blätter der kleinen Schönheit haben die Eigenschaft, eine gewisse Wärme zu erzeugen, die der Pflanze das frühe Erscheinen in Frost und Schnee ermöglicht.

Ich bin sicher, dass der Winter wieder zurückkehren wird. Ob er sich mild oder streng verhält, können wir nicht beeinflussen. Auf jeden Fall ist es für Mensch, Tier, Natur und unseren Garten sehr wichtig, dass die Jahreszeiten in unseren Breiten ihrem Namen gerecht werden.

Februar

Winter ade

An dieser Stelle möchte ich vorausschicken, dass alle Arbeiten im Garten vom Wetter abhängig sind und ich mich mit den einzelnen Tätigkeiten danach richten muss. Meine Erfahrung hat gezeigt, dass in den letzten Jahren der Winter immer milder geworden ist und ich daher immer früher mit der Gartenarbeit beginnen konnte.

Der phänologische Kalender teilt den Frühling in Vorfrühling, Erstfrühling und Vollfrühling ein.

Der **Vorfrühling** beginnt im dritten Drittel vom Februar. Wir Gartenbesitzer erkennen ihn an den so genannten Zeigerpflanzen, wenn die Blüten der Haselnuss, der Kornelkirsche, der Salweide, von Huflattich, Schneeglöckchen und Märzenbecher erscheinen.

Das **Schneiden der Obstgehölze** ist eine Arbeit, die sich jedes Jahr wiederholt. In einem kleinen Garten werden nicht so viele Obstbäume vorhanden sein, da der Platz fehlt. Es gibt aber inzwischen viele Neuzüchtungen, kleinwüchsige oder säulenwüchsige Sorten, die auch im kleinen Garten ein Plätzchen finden. Der Baumschnitt wird in der kalten Jahreszeit vorgenommen, das Gewächs zieht noch keinen Saft aus dem Boden und es wird ein „Ausbluten" des Baumes verhindert.

Das Ausschneiden der Gehölze fördert den Ertrag der Früchte und verhindert ein starkes Wuchern des Baumes. Frostfreie Tage im Februar sind eine gute Zeit für den Schnitt. Ausgeschnitten werden alle Ruten, die sich im Vorjahr gebildet haben. Das Fruchtholz – man erkennt es an den angesetzten dicken Knospen – wird nur wenig oder überhaupt nicht geschnitten. Die Schnittfläche der Zweige muss glatt sein, um das Einnisten von Krankheiten zu verhindern. Ein gutes Gartenwerkzeug ist Voraussetzung für eine ordentliche Gartenarbeit.

Einige Regeln, die den Baumschnitt vereinfachen

- alle Zweige herausschneiden, die nach innen ragen oder steil nach oben wachsen
- bei überkreuzten oder zu nahe stehenden Zweigen nimmt man den schwächeren heraus
- alte oder überhängende Triebe schneidet man bis zu einem flach nach außen weisenden Zweig ab

Steht auf einem kleinen Grundstück ein alter Baum, muss man sicher einmal einen radikalen Schnitt vornehmen und dicke Äste entfernen, um zu große Schattenbildung zu vermeiden. So ein alter Apfelbaum hat seine Reize und verleiht dem Garten ein sehr individuelles Aussehen.

Ich habe nur einen Baum im Garten, der geschnitten werden muss. Ein Feldahorn – kein fruchttragender Baum– steht neben dem Teich. Nachdem er nun ausgewachsen ist, bekommt er jährlich einen kugeligen Schnitt. Um einen exakten Schnitt der Krone zu bekommen, schneidet mein Mann mit einer elektrischen Baumschere die Jahrestriebe eng an der Basis ab.

Im Sommer genieße ich seinen Schatten. Ebenso mögen die Amseln im Garten den Baum, denn fast jedes Jahr baut eine Amsel ihr Nest in seinen dichten Zweigen. Der Feldahorn fügt sich bestens in das Staudenbeet ein und ist ein fester Bestandteil des Gartenbildes.

Mit der Neupflanzung eines Obstbaumes würde ich noch bis zum Ende des Monats warten und erst bei günstiger und wärmerer Wetterlage den neuen Baum pflanzen.

Muss eine **Gartenhecke** in Form geschnitten werden, ist diese Arbeit jetzt fällig. Spätestens bis 31. März müssen laut Gesetz alle Heckenschnitte erledigt sein. Wenn die Brutzeit der Gartenvögel beginnt, dürfen sie nicht mehr durch Lärm und Unruhe gestört werden.

Mitte bis Ende Februar kehren die ersten Zugvögel wieder zurück. Es sind die Stare, die uns vielleicht den Frühling vom Süden mitbringen. Jetzt ist es an der Zeit, die **Nistkästen** zu kontrollieren. Die Kästen sollen sauber sein, denn unsere Wintervögel benutzen sie gerne als Wärmekammer und verunreinigen sie natürlich. Meistens zieht wieder dasselbe Starenpaar ein, das im Vorjahr schon Mieter war. Stare sind sich ein Leben lang treu. Das Männchen zieht als Erster ein und wartet geduldig, bis seine Auserwählte bis zu drei Wochen später aus dem Süden nachkommt und zu ihm zieht.

Obwohl der Winter einen weiteren Anlauf nimmt, um seinem Namen gerecht zu werden, lugen bereits immer mehr Schneeglöckchen in ihrer Zartheit aufrecht stehend aus der Schneedecke heraus. Ist der Boden nicht zu sehr gefroren, so hat sich unter dem laubbedeckten Boden schon einiges getan.

Das kleine **Schneeglöckchen** *(Galanthus nivalis)* stammt aus der Familie der Amaryllis-Gewächse und kommt ursprünglich aus Südosteuropa und dem Kaukasus. Der Gattungsname *Galanthus* ist aus dem Griechischen *gala* für Milch und *anthos* für die Blüte abgeleitet. *Nivalis* für Schneeweiß bezieht sich gleich im doppelten Sinn auf seine Blütenfarbe.

Die Schneeglöckchen heißen auf Französisch „Perce-Neige" – die, die den "Schnee durchbohren". Eine sehr treffende Bezeichnung, wie ich finde.

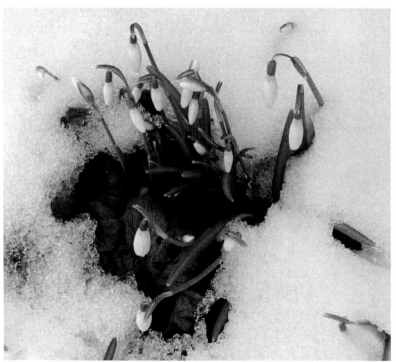

Ein alter, heute fast vergessener Brauch: Am 2. Februar, dem Lichtmesstag, wurden Schneeglöckchen als Sinnbild der Reinheit und des nahenden Frühlings auf den Altar in der Kirche gestreut. Daher der Name „Lichtmess-Glöckchen".

Hat man einmal das Schneeglöckchen im Garten, dann vermehrt es sich zwar langsam, aber stetig. Ich hatte an einer Stelle jahrelang immer nur ein Glöckchen stehen. Ich dachte schon, das arme Ding muss wohl sein Dasein für immer alleine fristen. Doch eines Frühlings gesellten sich drei Blütenstiele dazu. Inzwischen ist ein ganzer Horst entstanden.

Die Schneeglöckchen vermehren sich durch „Kindlzwiebeln", die aber einige Jahre brauchen, um der Mutterzwiebel Gesellschaft zu leisten. Lässt man die verblühten Glöckchen mit den Samenkapseln und den graugrünen schlanken Blättern stehen, dann werden die Samen von den Vögeln gefressen und der unverdaute Teil wieder ausgeschieden. Auch Ameisen tragen zur Vermehrung bei, sie schleppen die Samenknoten in ihren Bau, um einen Teil zu verspeisen. Den Rest befördern sie wieder nach draußen, so kann der Samen an einer anderen Stelle wieder eine Zwiebel bilden.

Schneeglöckchen, ei, bist du schon da?
Ist denn der Frühling schon so nah?
Wer lockt dich hervor ans Licht?
Trau doch dem Sonnenscheine nicht!

Wohl gut er's eben heute meint,
Wer weiß, ob er dir morgen scheint?
„Ich warte nicht, bis alles grün;
Wenn meine Zeit ist, muss ich blühn!"

Hugo von Hofmannsthal

Kleines Schneeglöckchen

Nach der Blüte brauchen alle Zwiebel-Frühlingsblüher Zeit, um abwelken zu können. Die Zwiebeln benötigen unbedingt die Energie und Nährstoffe des Grünzeugs für die Aufbereitung der erschöpften Zwiebel. Nur so können wir uns im nächsten Frühling wieder über eine reiche Blüte freuen.

Als Heilpflanze ist der Vorfrühlingsbote fast unbekannt. Dabei beinhaltet die Zwiebel den Wirkstoff Galanthamin, der unter anderem für ein Heilmittel gegen Alzheimer verwendet wird. Das Schneeglöckchen ist giftig. Aber wir müssen ja nicht alles essen, was im Garten wächst, wir wollen uns doch nur an seiner Schönheit erfreuen. Schneeglöckchen stehen unter Naturschutz, sie sind streng geschützt.

Ansonsten braucht das Schneeglöckchen keine besondere Pflege. Es steht gerne unter laubabwerfenden, lichten Gehölzen und in leichter, humoser und feuchter Erde. Den ostseitigen Garten schätzen diese zierlichen, von mir sehr geliebten Frühlingsboten. Aber auch im Schattenbeet gedeihen die Schneeglöckchen sehr gut.

Das **Riesenschneeglöckchen** *(Galanthus elwesii)* mit seinen breiten Blättern wird etwa 25 cm hoch und blüht sehr früh. Es bevorzugt einen sonnigen Platz im Garten und zeigt bereits um Weihnachten schon seine weißen Blütenspitzen. Es gibt viele Sorten, deren Aufzählung zu weit führen würde, aber es lohnt sich, die vielen Glöckchen einmal genauer zu betrachten. Da sind welche, die haben grüne Herzen am weißen Blütenkelch und andere besitzen einen Blütenkelch mit einem großen, grünen Punkt und grünem Herz.

Riesenschneeglöckchen

In meinem Garten steht auch eine Sorte mit gefüllten Blüten. Sie wird höchstens

Gefülltes Schneeglöckchen

15 cm hoch und kommt erst im März zum Blühen. Es ist das gefüllte Schneeglöckchen *(Galanthus nivalis var. praecox „Plena")*. An dieser Schönheit kann ich mich mindestens drei Wochen lang erfreuen.

In England ist das Sammeln von Schneeglöckchen im 19. Jahrhundert zu einer regelrechten Manie geworden. Die sogenannten Galanthomanen schacherten und handelten untereinander mit den verschiedenen Sorten bis zu Höchstpreisen. Inzwischen hat sich die Liebe zum Schneeglöckchen auch im übrigen Europa durchgesetzt, so gibt es die Zwiebeln nun im gut sortierten Gartenhandel zu kaufen.

Beim Träumen über die Schneeglöckchen vergesse ich ganz, dass noch Winter ist, und die Sehnsucht nach dem Frühling muss ich auf einen späteren Zeitpunkt verschieben. Der Winter kehrt zurück und zeigt mit viel Schnee und eisiger Kälte, was er alles kann.

Die Kinder freuen sich, denn jetzt können sie wieder nach Herzenslust rodeln, rutschen und einen Schneemann bauen.

In der Nacht war es ziemlich kalt. Der Nebel, der sich über der Schneedecke gebildet hatte, stieg auf in die Büsche, Gräser und Bäume und setzte sich als dicker Raureif nieder. Die Sonne, die nun schon früher am Horizont heraufsteigt, verbreitet einen leichten rosa Schein, der sich mit dem klaren blauen Himmel vereint. Es ist eine Pracht, ein Glitzern und ein Flirren.

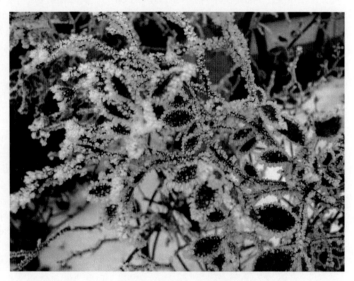

So ein Tag lädt zum Wandern ein. Die herrlich kalte Luft, der klare Tag und vor allem die Sonne tun Körper und Seele gut. Nach einer grauen und sonnenlosen Zeit kann man diese seltenen Tage besonders genießen.

Die Tradition des Valentinstages

Dieser Tag der Liebenden wird zumeist auf die Überlieferung von Bischof von Terni zurückgeführt, der als Märtyrer starb. Valentin von Terni wirkte als Bischof im 3. Jahrhundert in der italienischen Stadt Terni (damals Interamna). Er traute heimlich mehrere Brautpaare, darunter auch Soldaten, die nach damaligem Befehl unverheiratet bleiben mussten. Dabei schenkte er den verheirateten Paaren Blumen aus seinem Garten. Die Ehen, die von ihm geschlossen wurden, standen unter einem besonders guten Stern. Auf Befehl von Kaiser Claudius II. wurde er am 14. Februar 269 wegen seines christlichen Glaubens enthauptet. In Deutschland gibt es mehrere Städte, die Reliquien des heiligen Valentins aufbewahren und verehren.

Es ist möglich, dass die Festlegung des Gedenktages auf den 14. Februar auch mit dem römischen Fest der Lupercalia zusammenhängt, das vom 13. bis zum 15. Februar gefeiert wurde. Der angebliche Zusammenhang zwischen einem Fest der „Juno Februata" und dem Valentinstag ist eine Erfindung des 18. Jahrhunderts. Aus Tradition ist ein Brauch geworden. Daher schenken sich Verliebte und sich liebende Menschen an diesem Tag Blumen. Um einer Blumengabe eine persönliche Note zu verleihen, kann mit etwas Geschick ein hübsches Blumengebinde angefertigt werden.

Mit 8 bis 10 möglichst verästelten Zweigen des roten Hartriegels wird ein Herz gebunden. Der erste Zweig soll länger sein als die nachfolgenden. Das Ende dieses Zweiges wird zu einem Bogen geformt, indem er von der linken Hand festgehalten und mit einem Bindedraht ca. 10 cm oberhalb der Schnittstelle festgebunden wird. Um die zweite Seite vom halben Herz zu formen, wiederholt man denselben Vorgang, aber seitenverkehrt. So ist der

Grundriss für das Herz gegeben. Nun werden die restlichen Zweige genauso angeordnet, bis alle verbraucht sind. Das Wichtigste ist, dass die Zweige fest umwickelt werden und das Herz stabil wird. Zum Schluss kann noch, wenn ein farbiger Draht verwendet wird und noch einige Seitentriebe zu bändigen sind, das ganze Herz gleichmäßig umwickelt werden. Auch Birkenzweige dienen dem Zwecke, sie sind aber nicht so schön rot. Dieses Kunstwerk wird auf ein breiteres Gefäß gelegt und Tulpen, Rosen oder bunte Frühlingsblumen kurz geschnitten zwischen die Herzbögen gesteckt.

Eines Tages besuchte ein Schwarm von wunderschönen Vögeln, die ich noch nie gesehen hatte, meinen Garten. Es waren die **Seidenschwänze**, deren hellbraunes Federkleid am Rücken in einer dunklen Schwanzspitze mit einem gelben Band endet. Die Kehle und der Augenstreif sind schwarz und den Kopf ziert ein auffallender Federschopf. Eine seltene Erscheinung sind diese Vögel in unseren Gärten! Sie kommen zu uns nur invasionsartig, wenn sie in ihrer Heimat in Nordskandinavien, Nordeuropa und Sibirien ein sehr gutes Brutjahr hatten und im Winter dadurch ihre Nahrung knapp geworden ist. Wahrscheinlich haben die Seidenschwänze die Äpfel, die für die Amseln und Drosseln bestimmt waren, in den Garten gelockt. Ich freute mich sehr über dieses Erlebnis, das ich nicht vergessen werde.

Die Sehnsucht nach dem Frühling ist groß

Nur langsam schmilzt der Schnee, denn unter dem dicken Nebeldach, das über uns hängt und oftmals viele Tage wetterbestimmend ist, kann durch die Kälte der Schnee nicht verschwinden. So gerne ich den Winter zu seiner Zeit habe, so gerne möchte ich nun schon an den Frühling denken.

Ein kleines Wunder im grauen Alltag

An einem dieser grauen, nun doch schon schneelosen Tage blendete mich ein türkiser Fleck am Teichrand.

Bei genauem Hinsehen erkannte ich einen Eisvogel, der auf einem Stein am Ufer des Teiches saß und gemächlich einen Fisch aus dem Teich so lange traktierte, bis er ihn verschlingen konnte. Ich stand wie angewurzelt da und bewegte mich nicht, bis er wegflog.

Überglücklich über dieses unglaubliche Ereignis in meinem Garten, wartete ich geduldig eine Weile, bewaffnet mit der Kamera, in der Hoffnung, dass dieser wunderschöne und seltene Vogel noch einmal kommt. Ich hatte Glück und dasselbe Schauspiel wiederholte sich. Im Sturzflug tauchte er ins Wasser ein und im langen, spitzen Schnabel zappelte wiederum ein Stichling. Es war phantastisch, einen Eisvogel aus dieser Nähe beobachten zu können. Er ist etwa 16 cm groß, hat einen kräftigen langen Schnabel und das Federkleid hat eine intensive türkise Farbe. Der Kopf und die Flügeloberseiten sind mit winzigen weißen Punkten besetzt. Die Unterseite der Flügel und der Bauch sind orange-rost gefärbt.

An dem nahe gelegenen Isarfluss gibt es sandige Steilufer, wo sicherlich auch der Eisvogel seine Behausung baut. Sie führt etwa einen Meter waagrecht in die sandige Erde hinein und ist am Ende backofenförmig erweitert. Dort ist er gut vor Feinden geschützt und kann seine Eier ablegen. Dieses Erlebnis, dass mich in meinem kleinen Garten mit einem ebenso kleinen Teich ein Eisvogel besucht, hätte ich nicht einmal im Traum erwartet.

Um mich in dieser trüben Zeit etwas abzulenken, schmökere ich in Gartenzeitschriften und stelle mir vor, wie schön der Frühling sein kann. Ich habe im vergangenen Herbst einiges verändert und neue Blumenzwiebeln gepflanzt, so bin ich schon sehr neugierig, wie in diesem Jahr der Garten aussehen wird. Leider muss ich mich noch in Geduld üben. Bei einem kleinen Rundgang durch den Garten überraschen mich die Winterlinge, die sich unterm Schnee bereit gemacht haben, um beim ersten Sonnenschein ihre goldgelben Blütenköpfe der Sonne entgegen zu strecken.

Der Winterling (*Eranthis hyemalis*) ist eine Pflanzenart aus der Familie der Hahnenfußgewächse (*Ranunculaceae*) und ist giftig. Der botanische Name "winterliche Frühlingsblüte" leitet sich vom Griechischen *er*: Frühling und *anthos*: Blüte sowie vom Lateinischen *hiemalis*: winterlich ab. Dieser Frühlingsbote macht seinem Namen alle Ehre, er ist meist schon im Februar zu sehen.

Sein ursprüngliches Vorkommen erstreckte sich hauptsächlich in südeuropäischen Ländern. In Mitteleuropa hat sich der Winterling stark verbreitet, wenn er auch hauptsächlich nur in unseren heimischen Gärten zu finden ist. In der freien Natur ist er in Weingärten oder im lichten Gebüsch vereinzelt anzutreffen. Der Eranthis bevorzugt einen lockeren Lehmboden und vermehrt sich hauptsächlich durch Aussamung. Er schleudert seine Samen bis zu 40 cm weit.

Vermehren kann man den Winterling durch Samen, die im Herbst in den Boden kommen. Er ist ein Frostkeimer und braucht etwa 5 Jahre, bis er blüht. Wesentlich einfacher ist das Einlegen der knolligen Rhizomen, die im

Eranthis hyemalis

darauffolgenden Frühling schon ihre Blüten entfalten. Ich freue mich jedes Jahr über diese reizenden kleinen Sonnenkinder. Sobald ein warmer Föhnwind durch den Garten zieht, schmilzt der Schnee ganz schnell und die Winterlinge öffnen ihre anmutigen Blütenköpfchen und drehen sie der Sonne entgegen. Der Frühling hält Einzug in den Garten. Schnell wachsen sie höher und höher, überdecken ganze Wiesen- und Beetflächen und fühlen sich auch unter Bäumen sehr wohl.

Um eine zu große Vermehrung zu verhindern, schneide ich nach der Blüte die Samenstände ab, bevor diese braun und trocken werden. So kann ich die Winterlinge in meinem kleinen Garten im Zaum halten. Ein großer Garten kann diese reiche Vermehrung gut verkraften und es sieht wunderschön aus, wenn im Frühling ein gelbes Blütenmeer leuchtet.

Das Schneeglöckchen, der Winterling und der Huflattich gehören zu den ersten Pflanzen, die im nahenden Frühling Nektar und Pollen liefern. Steigt die Außentemperatur auf 10 bis 12 °C, kommen die ersten Bienen und Hummeln geflogen und laben sich an diesen Köstlichkeiten nach dem Winter.

Winterling

Wie ich ein Hochbeet aufsetze

Am Ende vom Februar kann der Besitzer eines Früh- oder Hochbeetes an seine Vorbereitung denken. Möglichst früh im Frühling einen eigenen Salat zu ernten, ist etwas Schönes. Ohne Spritzung und Düngung das frische Grün zu genießen und auf den Tisch zu bringen, das kann nur durch Eigenproduktion geschehen. Aus diesem Grund ist ein Hochbeet sehr sinnvoll, das macht Freude und Spaß.

Der schnellste Weg dahin ist, ein fertiges Hochbeet zu kaufen. Wenn jemand sehr geschickt ist, kann er es selber machen. Ich finde, dass eine lichtdurchlässige Abdeckung von Vorteil ist, denn man will ja besonders früh im Jahr ernten.

Wie ich das Hochbeet fülle

Nach dem Auslegen mit einer wetterfesten Folie an den vier Wänden, nicht aber auf dem Boden, wird ganz grobes Astwerk zuunterst gelegt. Angefallener Heckenschnitt könnte dazu verwendet werden. Möglicherweise gibt es schlechte Erde, die für die Beete nicht brauchbar ist, sie könnte als Füllmaterial im Hochbeet dienen. Eine dicke Schicht halbreifer Kompost ist die nächste Lage. Um Wärme in den Unterbau zu bekommen, wird eine dicke Lage halb verrottetes Laub aufgeschüttet. Das fällt

jetzt ohnehin nach dem folgenden Winterputz der Beete an. Das Laub bringt Wärme in die Kiste, die für das Anwachsen der zarten Pflänzchen notwendig ist. Zum Schluss wird mit guter Erde, gemischt mit etwas Kompost, bis etwa 10 cm unterm Bettrand aufgefüllt. Das Ganze braucht jetzt einige Tage Ruhe, damit sich die Erde bei geschlossenen Fenstern erwärmen kann.

Viele Jahre habe ich mit einer preiswerteren Variante meinen frühen Salat geerntet. Ein fertiges, mobiles Frühbeet mit Abdeckfenstern, das auf die Kompostmiete passt, dient genauso dem Zweck. Das geht aber nur, wenn mindestens zwei Kompostmieten abwechselnd in Verwendung sind. Der halbfertige Kompost wird ebenfalls mit Laub und guter Erde aufgefüllt, so wie ein Hochbeet. Wenn der Kompost fertig gereift ist und im Herbst seine Verwendung für die Beete hat, legt man das Frühbeet zusammen und baut es im nächsten Frühling wieder auf eine andere Miete drauf.

Nun steht der Bepflanzung nichts mehr im Wege. Ich pflanze zuerst den Pflücksalat. Der wächst schnell, bereits nach 3 bis 4 Wochen kann ich die ersten Salatblätter ernten. Dann säte ich Spinat und Feldsalat ein. Salatrauke oder Rucola sind für mich auch ganz wichtig. Ich ernte das ganze Jahr in wechselnder Reihenfolge Salat, Kohlrabi, Fenchel und Karotten. Wenn es etwas wärmer wird, ist es für das Basilikum ideal, im warmen Hochbeet zu stehen. Ich möchte mein Hochbeet nicht mehr missen, selbst im Winter überdauern empfindliche Küchenkräuter geschützt die Kälte. Was das Allerschönste dabei ist, ich brauche mich nicht zu bücken.

Der Zaunkönig

Ein ganz besonderer Freund in meinem Garten ist **der Kleinste mit der größten Klappe.** Wer wird das wohl sein? Natürlich unser Zaunkönig, der den ganzen Winter über sich im Garten tummelt. Sein Gesang in einer höhergelegenen Singwarte kann eine Lautstärke von 40 bis zu 90 Dezibel erreichen und man hört ihn auf eine Distanz von 500 Metern. Schon am frühen Morgen und am späten Abend schmettert er sein Lied in die Umgebung, das einige Sekunden anhält. Es ist wirklich erstaunlich, was dieser braune Winzling aus seiner Kehle hervorbringt.

Er liebt bodennahes Gebüsch, Hecken, ausgewaschenes Wurzelwerk und vor allem Wasser. In meinem Garten sehe ich diesen kleinen von mir sehr geliebten Vogel hauptsächlich rund um den Teich. Ein naturnah angelegtes Wasser im Garten zieht den Zaunkönig an, denn dort findet er Spinnen, Insekten und deren Larven. Auch kleine Schmetterlinge und Libellen stehen auf seinem Speiseplan. Sicher lebt er in der Efeuhecke am Teichrand. Zur Brutzeit baut das Männchen mehrere ovale Nester, die er seiner Liebsten dann zur Auswahl anbietet. Hat die „Zaunkönigin" ein Nest für gut befunden, wird es noch mit weichem Material ausgekleidet und sie legt 5 bis 8 winzige, gesprenkelte Eier ins Nest. Der „König" übernimmt die Revierwache und verscheucht mit seinen lauten Rufen „dzrr-dzrr" und „tek- tek" und aufgestelltem Schwänzchen seine Feinde wie Katze und Eichhörnchen.

Bei uns ist der Zaunkönig ein Jahresvogel. In Skandinavien, den baltischen Staaten und in Russland gilt er als Zugvogel.

Woher der Name dieses klugen Vogels kommt

Der berühmte griechische Fabeldichter Äsop erzählte bereits vor 2500 Jahren, wie sich dieser Winzling durch Schlauheit und List selbst zum „König der Vögel" kürte:

Die Vogelwelt hatte beschlossen, denjenigen zu ihrem König zu wählen, der am höchsten fliegen kann. Alle vermuteten natürlich den Adler, der mit seiner Kraft und großen Flügelspannweite am höchsten fliegen kann. Der listige, zu dieser Zeit noch namenlose Vogel schlüpfte ins Gefieder des Adlers und ließ sich in die Lüfte tragen. In schwindelnder Höhe verließ das Federgewicht sein „Luftschiff" und flog noch höher als der Adler.

„Der König bin ich",

triumphierte er. Diese List haben aber die anderen Vögel durchschaut und sperrten ihn zur Strafe in ein Mauseloch, aus dem er sich jedoch wieder befreien konnte. Da der kleine Kerl von da an Furcht vor den anderen Vögeln hatte, hielt er sich seither nur in den Zäunen und im unteren Dickicht auf. Wenn er sich ganz sicher fühlte, dann hörte man ihn zuweilen rufen:

„König bin ich", „König bin ich"

Seither nannten ihn die anderen Vögel aus Spott "Zaunkönig".

März

der Vorfrühling

Welche Gartenarbeiten im März auf mich warten	
• Staudenbeete von Laub befreien	S. 22
• Abgetrocknete Staudenreste und Gräser abschneiden	S. 25
• Ziergehölze und Clematis zurückschneiden	S. 25
• Winterschutz der Rosen entfernen	S. 25
• Neue Blühgehölze pflanzen	S. 25
• Terrassenbepflanzung	S. 26
• Rosen schneiden	S. 30

Zwischen Februar und März
Liegt die große Zeitenwende
Und man spürt es allerwärts,
Mit dem Winter geht's zu Ende.

Schon beim ersten Sonnenschimmer
Steigt der Lenz ins Wartezimmer.
Keiner weiß wie es geschah,
Und auf einmal ist er da.

Fred Hedrikat

Nach dem phänologischen Kalender beginnt jetzt **der Vorfrühling**, der von Ende Februar (22. 02.) bis Ende März (29. 03.) andauert, das sind **36 Tage**.

Ende Februar / Anfang März schieben sich die Märzenbecher durch die laubbedeckte Erde. Die dunkelgrünen Laubblätter bringen jeweils nur eine weiße Blüte hervor, ganz selten auch zwei Glöckchen. Typisch für diese Frühlingsblüher sind die rundum geschlossenen weißen Blütenblätter, die wie Mädchenröckchen aussehen. Die Blütenspitzen sind mit einem grünen oder gelben Punkt verziert.

Die Märzenbecher *(Leucojum vernum)* werden auch Frühlingsknotenblume, Märzglöckchen oder fälschlich großes Schneeglöckchen genannt und stammen aus der Familie der Amaryllis-Gewächse. Sie bilden einen größeren Fruchtknoten aus als das kleine Schneeglöckchen *(Galanthus nivalis)*.

Der Märzenbecher liebt humose, nährstoffreiche und mäßig saure Erde. Die größten Vorkommen dieser streng geschützten Pflanze sind in Deutschland der Leipziger Auwald und die Märzenbecherwiesen im Polenztal in der Sächsischen Schweiz, welche viele Besucher anziehen. Am Nordabhang der Fränkischen Alb und in Auwäldern ist dieses teilweise vom Aussterben bedrohte und bezaubernde Glöckchen auch in Bayern beheimatet. In Österreich im Attergau findet die Frühlingsknotenblume besonders gute Bedingungen vor und ist dort sehr verbreitet und beliebt.

Eine zweite Art dieser Gattung ist die Sommerknotenblume *(Leucojum aestivum)*. Der Name leitet sich vom Griechischen

Sommerknotenblume

leukos für Weiß und *ion* für Veilchen (der Duft ist veilchenartig) und aus dem Lateinischen *ver* für Frühling ab. Diese Pflanzenart stammt auch aus der Familie der Amaryllis-Gewächse und ist in allen Teilen giftig. Die Sommerknotenblume blüht aber erst Ende April / Anfang Mai, wird ca. 40 – 60 cm hoch und trägt 3 – 5 Glocken an einem Stängel. Zu dieser Zeit kann man sich gar nicht mehr vorstellen, wie sehnsüchtig wir auf die ersten Schnee-glöckchen gewartet haben. Durch ihre rasche Vermehrung hat sie schon einen stattlichen Horst gebildet. Ich mag sie deshalb so gerne, weil sie mit entsprechender Wirkung in meinem Vorgarten zur Begrüßung der Hausbewohner steht.

Als Vorfrühlingsblume wächst der Märzenbecher sehr gut in unseren Gärten unter lichten Sträuchern im Halbschatten und in Schattenbeeten.

Schön langsam beginnt die Gartenarbeit

Ich nehme **die Laubschicht** jetzt **von allen Beeten** weg. Dort wo die Glöckchen aus dem Gartenboden sprießen oder das Laub wie aufgespießt auf den Blättern steckt, ist es später schwieriger das Laub zu entfernen, ohne die Blütenköpfchen zu beschädigen. Es wäre doch schade, wenn nicht jeder Blütenkopf, der sich durch die Erde mühsam gedrängt hat, in seiner Pracht für uns blühen dürfte. Es dauert nicht mehr lange und es wird langsam wieder heller und freundlicher im Garten. Der Winter muss nun endgültig seinen Rückzug antreten.

Märzenbecher

Ehrlich gesagt, ich kann es kaum noch erwarten, wieder im Garten zu sein und ans Werk zu gehen. Die zarten Elfen-krokusse spitzen schon aus der Erde dem Sonnenlicht entgegen. Krokus-se, Puschkinien, Blausterne, Leber-blümchen und Buschwindröschen, aber auch alle anderen Zwiebelblüher erwachen aus dem Winterschlaf. Ich lockere die Erde nur ganz vorsichtig, denn die treibenden Spitzen der Frühlingsblumen sind sehr leicht verletzbar.

Elfenkrokus

Der Elfenkrokus *(Crocus tommasiniasus)* oder Dalmatiner Krokus ist eine Pflanzenart aus der Gattung der Krokusse in der Familie der Schwertliliengewächse. Die sechs Blütenblätter erscheinen in einem Blassviolett bis Lila und sehen äußerst zerbrechlich aus. Hier entferne ich das Laub ganz vorsichtig.

Der Elfenkrokus ist fast in ganz Europa verbreitet und bis zu einer Höhe von 1500 Metern zu finden. Ich erinnere nur an die Bergwiesen, die nach der Schneeschmelze mit Millionen von lila und weißen Blüten übersät sind. Die Art wird seit spätestens 1847 kultiviert.

Bei diesem ersten Frühlingsputz entdecke ich schon, wie die Tulpenspitzen und der Zierlauch austreiben. Die Narzissen zeigen sogar schon Blütenknospen. Gleichzeitig kann ich feststellen, welche Narzissen-Sprösslinge und welche Tulpen eine Blüte bringen werden und welche nicht. Ist zwischen einem Blattpaar eine Verdickung, sprich Knospe, zu sehen, wird diese Zwiebel Blüten tragen. Ist das nicht der Fall, wird in diesem Frühling keine gelbe Trompete oder Tulpenblüte leuchten. Wenn die „tauben" Blätter ausreifen können und die Zwiebeln

sich daraus aufbauen werden, ist es möglich, dass sie im nächsten Jahr eine Blüte bringen könnten. Meine Erfahrung hat aber gezeigt, dass diese „Wiedergeburt" nur sehr selten der Fall ist.

Aus diesem Grund pflanze ich Jahr für Jahr immer wieder neue Zwiebeln nach. Einen Erfolg kann ich aber doch verbuchen: Im Vorgarten standen vor einigen Jahren die gelben Narzissen wunderbar in Blüte. Im dritten Frühling kamen nur noch wenige und im Jahr darauf wollte keine einzige mehr blühen. Der Frauenmantel, der in unmittelbarer Nähe stand und sich über die Narzissen-Blätter sehr ausgebreitet hatte, überdeckte völlig den Narzissen-Horst. Mir ist es nicht so sehr aufgefallen, dass mehrere Jahre nur die blütenlosen Blätter erschienen sind. Dieses Jahr, oh welche Freude, sehe ich zu meiner Überraschung, dass viele Narzissen-Blätter mit Knospen kommen. Also, was lerne ich daraus? Ein Gärtner wird für geduldiges Warten belohnt.

Krokus hybride

Die großen Krokusse, die unter dem Begriff der **Krokushybriden** zusammengefasst werden, zeigen schon ihre Blütenköpfe. Spätestens nach einem warmen Föhnwind erstrahlen die gelben, weißen und dunkellila Frühlingsblüher in Mengen im Garten, in Parks und in öffentlichen Auspflanzungen. Wenn diese Farbenpracht erblüht, können wir sagen, dass der Frühling angekommen ist.

Was ist mit meinen gelben Krokussen passiert? Eines Morgens musste ich feststellen, dass die frühen gelben Krokusblüten zerzaust und abgerupft am Boden lagen. Da

waren die Amselmännchen am Werk! Das Amselweibchen, dezent braun gefärbt und somit gut getarnt, ist damit beschäftigt, nach Regenwürmern zu suchen. Der Amselmann dagegen, in stattlichem Schwarz gekleidet, mit einem auffällig gelben Schnabel und gelben Augenring ausgestattet, ist damit beschäftigt, zur nahenden Brutzeit sein Revier zu verteidigen. Das erfolgt mit ganzem körperlichem Einsatz und ohne Rücksicht auf Verluste. Zieht die Reviergrenze durch das Krokusbeet, so werden die Kämpfe auch über den Blütenköpfen der zarten Krokusse ausgetragen. Für den Herrn der Gattung ist Gelb und Orange generell eine feindliche Farbe und somit eine Konkurrenz. Darauf reagiert er so empfindlich, dass er die Blüten abrupft und zerzaust.

Das überaus begehrte und wertvolle Küchengewürz Safran wird aus dem Krokus *Crocus sativus* gewonnen, der im Herbst violett blüht. Es handelt sich um eine Knollenpflanze, die aber mit der Herbstzeitlose nichts zu tun hat. Das hauptsächliche Vorkommen findet sich im Iran, in Afghanistan, Kaschmir und in Europas Mittelmeerländern. Aus einem kleinen Gebiet in der Wachau kommt der Wachauer Safran, wo jährlich zwischen 1,5 und 2 kg Safran geerntet werden. Für 1 kg Safran benötigt man etwa 150.000 bis 200.000 Blüten, die Ernte ist reine Handarbeit, wodurch sich der hohe Preis ergibt.

Sterntulpen

Puschkinien

Weitere von mir sehr geliebte Blümlein sind die Puschkinien (auch Kegelblume oder Scheinscylla genannt). Sie stammen aus der Familie der Spargelgewächse (*Asperagaceae*) und kommen aus der Türkei, dem Irak, dem Libanon und dem Kaukasus, wo sie auf feuchten, subalpinen bis alpinen Wiesenhängen nach der Schneeschmelze in Höhenlagen von 1700 bis 3500 Metern vorkommen. Die hübschen und anmutigen weiß-blau gestreiften Glöckchen der traubigen Blütenstände stehen dicht gedrängt aneinander und blühen lange. Wenn sie in Ruhe gelassen werden, bilden sie in den Rabatten einen sehr schönen Blütenschmuck. Die reifen Kapselfrüchte sorgen selber für die Vermehrung. In Mitteleuropa ist diese reizvolle Frühlingsblume in freier Natur und in unseren Gärten zu finden.

Die Ziergehölze werden jetzt geschnitten

Alle Hortensien außer der Bauernhortensie *(Hydrangea macrophylla)* schneide ich jetzt auf 1 bis 2 Augen zurück. Würden die Rispen- und Ballhortensien *(Annabell)* **nicht** eingekürzt, würden sie immer **weniger blühen**.

Der Bauernhortensie dagegen schneide ich nur die braun gewordenen Blütendolden vom Herbst und vorhandene dürre Triebe ab. Würde ich **diese** Hortensien zurückschneiden, müsste ich in diesem Jahr fast zur Gänze auf Blüten verzichten.

Die **Gräser**, die im Februar noch der Raureif geziert hat, sollten nun bis zum Boden abgeschnitten werden. Ein späterer Schnitt könnte den Neuaustrieb verletzen, das will ich unbedingt vermeiden.

Die **Rosen**, die noch ihre **Winterabdeckung** tragen, werden entkleidet, die neuen Knospen könnten zu sehr austreiben und bei eventuellem Spätfrost Schaden nehmen. Das Schneiden der Rosen hat aber noch Zeit, erst wenn die Forsythien blühen, dürfen die Rosen geschnitten werden. Diese Tätigkeiten sind natürlich immer vom Wetter abhängig, wie fast alle Gartenarbeiten, denn jedes Jahr kann der Frühling früher oder später beginnen.

Beim Säubern der Beete schneide ich gleichzeitig die Clematis auf 30 bis 50 cm zurück, sollte das nicht schon im Herbst geschehen sein. Die vielen Knospen, die sich über dieser Höhe schon gebildet haben, würden der Staude unnötige Kraft wegnehmen. Die Blüte würde geringer ausfallen und kleiner bleiben. Eine Ausnahme bilden die wilden Clematis-Sorten, die nur wenig zugeschnitten werden oder erst nach der Blüte einen Schnitt bekommen. Den Clematis-Schnitt werfe ich nicht weg,

diese biegsamen Ranken verwende ich für die Frühlingsbepflanzung auf der Terrasse, um „Blumennester" zu gestalten.

Die Gärtnereien bieten teilweise wurzelnackte **Blühgehölze** an, dafür ist jetzt schon die Zeit, sie zu pflanzen. Später kann man fast nur mehr Containerware kaufen, die ist zwar teurer, aber bringt eine höhere Wahrscheinlichkeit mit sich, dass die Pflanzen sich schnell einwurzeln können.

Bei aller Frühlingsfreude kann es durchaus noch einmal winterlich werden. Nicht selten treibt ein Sturmtief auch im März noch Schneewolken aus dem Norden zu uns. Dann leiden unsere Frühlingsblüher, sie senken ihre Blütenköpfchen zum Schutz vor Schnee und Wind. Gott sei Dank hält der Wink mit den "Schneebesen" nicht lange an und der Winter muss endgültig seinen Rückzug einsehen.

Der Frühling ist nicht mehr aufzuhalten. Vor allem dann, wenn der erste Zitronenfalter durch den Garten flattert.

Es ist jedes Jahr aufs Neue ein Wunder, wie schnell sich die Natur verwandeln kann, wenn der Frühling in unsere Gärten einzieht.

Auch meine **Terrassenbepflanzung** möchte ich jetzt unbedingt frühlingshaft gestalten. In einem großen Blumencenter oder in einer gut sortierten Gärtnerei gibt es Unmengen von Frühlings-Topfpflanzen. Es ist nicht ganz leicht, bei diesem großen Angebot eine geordnete Einheit zu finden.

Ich beschränke mich immer auf nur einige wenige Farben, die gut zusammen harmonieren. Nach dem Winter gehe ich mit der Natur mit. Die zarten Farben, die der Vorfrühling hervorbringt, wie Hellgelb, zartes Lila oder Weiß, zartes Rosa oder Hellblau, setze ich in der Topfbepflanzung fort. Zur Erstbepflanzung verwende ich die robusteren Topfblumen wie Hornveilchen, Bellis und Primeln. Angetriebene Narzissen sehen besonders dekorativ aus, so gewinnt das Arrangement an Höhe. Diese Pflanzen sind nicht sehr empfindlich gegen die immer noch kalten Nächte.

Vergissmeinnicht und Ranunkel, die wie fast alle Frühlings-pflanzen aus dem Treibhaus kommen, sind gegen Kälte noch zu schützen. Am Abend stülpe ich dünnes Vlies oder Zeitungspa-

pier darüber, damit meine Blüten nicht frieren müssen. Es wäre jammerschade, wenn der „Terrassenfrühling" dem Frost zum Opfer fiele.

Je nachdem, wie der erste Vollmond zum astronomischen Frühlingsanfang fällt, richtet sich das Osterfest danach. Es kann noch im März sein, aber auch erst Mitte April. Auf jeden Fall bekommen meine Blumentöpfe schon ein wenig österliches Aussehen. Ich lege gerne einige Eier aus Ton, die dem Regen standhalten, zu meiner Bepflanzung. Zur proportionalen Umrandung eignet sich wunderbar der Schnitt von Clematis und Buchs.

Helleborus orientalis

Eine weitere Attraktion in meinem Frühlingsgarten stellt die Lenzrose dar, die orientalische Nieswurz *(Helleborus orientalis)*. Ich nenne sie die Frühlingschristrose, weil sie zur Pflanzenart der Christrosen *(Helleborus niger)* zählt. Die Christrose beschreibe ich beim November ausführlicher. Nach milden Wintern blüht die weiße Christrose noch immer kräftig und ergänzt somit sehr schön meinen Garten.

Mit der Lenzrose zieht der Lenz endgültig in den Garten ein. Ihre auffallend schönen, purpurfarbenen Blüten mit den hellen Staubgefäßen ziehen die Wildbienen und Hummeln an, denn das Nahrungsangebot für die Insekten ist ja noch nicht so üppig.

Die Pflege ist einfach: Der humose Boden, den ich im Winter mit Laub abgedeckt habe, sowie eine mäßige Feuchtigkeit im hellen Schatten genügen dieser „Königin des Frühlings". In der Ruhezeit nach der Blüte braucht sie keine zusätzliche Wassergabe, da bleibt sie lieber etwas trocken stehen. Ich schneide dann die welken und braun gewordenen Blätter ab, die bis zum nächsten Herbst wieder neu austreiben und das Beet mit den schönen, glänzenden Blättern zieren.

Von Leberblümchen und Buschwindröschen

Wer jetzt Ende März einen Spaziergang im lichten Buchenwald macht, trifft auf das **Gewöhnliche Leberblümchen**. Das Blümchen übersät den Waldboden mit einem blauvioletten Teppich. Nicht selten findet man in den Niederungen der Voralpen bei entsprechend geeigneter Bodenbeschaffenheit dicht neben schon geschmolzenen Schneeflecken diese reizende und bekannte Frühlingsblume. Das Leberblümchen *(Hepatika nobilis)* stammt aus der Familie der Hahnenfußgewächse *(Ranunculaceae)*. Es ist leicht giftig und dient in der Homöopathie als Arznei für Bronchitis und Lebererkrankungen.

Leberblümchen

Die violetten Blüten enthalten den Farbstoff Anthocyan, der die Fähigkeit hat, Licht in Wärme umzuwandeln, um die zarten Blüten vor Frost zu schützen. Verbreitet wird das Leberblümchen durch die Ameisen, die den Samen in ihren Bau schleppen und das fettreiche Elaiosom verzehren, das ihnen als wertvolle Nahrung dient. Der Rest der Samen wird aus dem Bau gebracht und „entsorgt". So tragen die Ameisen zur Verbreitung vieler Frühlingsblüher wie auch der Samen von Schneeglöckchen und der Krokusse bei.

Die Leberblümchen kommen nicht mehr so häufig vor, daher stehen sie unter Naturschutz und dürfen weder ausgegraben noch gepflückt werden. Umso mehr freue ich mich, dass mich die Ameisen mit ihrer „Samenverschleppung" beehrt haben und so unter der Buche am Gartenrand ein kleiner Horst entstehen konnte. Die Blätter der Leberblümchen kommen erst nach der Blüte zum Vorschein und sind im Gegensatz zur Blüte fest, dreilappig und leicht glänzend.

Ein wenig später schieben die **Buschwindröschen** ihre gefalteten Blätter aus der Erde und strecken nur bei Sonnenschein die zarten, weißen Blüten mit den gelben Staubgefäßen dem Licht entgegen. Das Buschwindröschen stammt aus der Familie der Hahnenfußgewächse *(Ranunculaceae)*. Es ist eine Pflanzenart

Buschwindröschen Hybride

der Gattung der Windröschen *(Anemone nemorosa)*. Außer der weißen Blütenfarbe finden wir diese bezaubernde Frühlingsblume noch in Rosa und Blau. Letztere sind allerdings als Hybrid-Züchtungen nur im Blumenhandel zu finden sowie das seltene gelbe Windröschen. Gelbe Windröschen treten oft in der Natur zusammen mit den weißen auf und in seltenen Fällen kommt es zu Hybriden mit einer blassgelben Blütenfarbe.

Buschwindröschen lieben leichten humosen Boden, den sie in ganz Europa hauptsächlich in lichten Laubwäldern vorfinden. Auch hier werden die Samenverteilung und die daraus erfolgte

Vermehrung durch die Ameisen geleistet und die Blümchen können sich dadurch gesellig auf großen Flächen ansiedeln.

Das Buschwindröschen ist ein Licht- und Frostkeimer und gedeiht in unseren Gärten sehr gut. Dort liebt es „stille Plätze" unter Büschen und kleinen Bäumen. Die vegetative Vermehrung erfolgt hauptsächlich durch Rhizome, die kaum sichtbar sind, denn sie befinden sich nur wenige cm unter der Erdoberfläche. Aus diesem Grund ist es von Vorteil, das fast oberflächliche Wurzelwerk nicht zu zerstören. Das Laub, das bis in den Sommer schön grün bleibt, soll gut einziehen können, nur so kann sich diese zarte Schönheit für den nächsten Frühling wieder fit machen.

Einfaches Buschwindröschen

Der Frühling im Schattenbeet

Auch die Schattenseite und der Hauseingang leuchten inzwischen in fröhlichen Frühlingsfarben. Hierfür eignen sich viele im Frühling blühende Zwiebelgewächse. Mit wenigen Tagen Verzögerung begrüßen Krokusse, Scylla und Narzissen die Hausbewohner.

Bei einer Neubepflanzung ist zu berücksichtigen, dass die Zwiebeln schon im Frühherbst in die Erde kommen müssen.

Kleine Narzissen Tête-à-Tête

Große Narzissen

Der Rosenschnitt

Im Nachbarsgarten zeigt sich der Forsythienstrauch bereits mit seinen gelben Blüten. Das ist der richtige Zeitpunkt, um die Rosen zu schneiden.

In meinem Garten zieren verschiedene Rosen-Arten die Blumenbeete, die einen unterschiedlichen Schnitt benötigen. Die öfter blühenden Rosen brauchen im Frühling unbedingt einen guten Schnitt, egal, ob es Beetrosen, Strauchrosen, Buschrosen, Bodendeckerrosen oder Kletterrosen sind.

Die einmal blühenden **Rambler-Rosen (Kletterrosen)** werden nicht geschnitten. Diese Rosen-Art entwickelt ihre Blüten hauptsächlich an den Jahrestrieben sowie am mehrjährigen Holz. Würde man diese Rosen im Frühling schneiden, beraubte man sie ihrer diesjährigen Blütenpracht. Ein Säuberungsschnitt reduziert sich ausschließlich auf krankes, zurückgefrorenes oder totes Holz. Sollte eine Kletter- oder Strauchrose zu groß geworden sein, können Triebe nach 4 – 5 Jahren ausgelichtet und die gesamte Höhe oder Breite des Strauches nach

Rambler-Rose

der Blüte eingekürzt werden. Möglicherweise fällt die Blüte dann im nächsten Jahr etwas geringer aus, was aber bei entsprechend großen Exemplaren kaum auffällt.

Beetrose

Aus Platzgründen musste ich sie im Herbst versetzen und einkürzen. Wie man sehen kann, treibt sie sehr schön aus und wird sicher in diesem Jahr einige Blüten bringen.

Der Schnitt der öfter blühenden Beet- und Edelrosen richtet sich nach ihrer Platzierung im Beet. Meine Rabatten verlaufen am Rande des Gartens und so ergeben sich verschiedene Schnitthöhen. Die Rosen im Hintergrund schneide ich nicht so stark zurück, denn sie sollen ja etwas höher sein als die im Vordergrund des Beetes.

Ein kräftiger Rückschnitt fördert starke Triebe und kräftige Blüten. Wenig geschnittene Rosen treiben viele, aber kleinere Blüten. Für beide Sorten gilt: 20 – 40 cm abschneiden, jedoch sollen 4 – 5 Knospen pro Trieb stehenbleiben. Der jährliche Rückschnitt fördert die Blühwilligkeit der Rosen und verhindert die Verkahlung der Rosentriebe im unteren Staudenbereich.

Beetrosen, die im Vordergrund stehen, sollten insgesamt nicht höher als ca. 60 cm werden. Dagegen können im Hintergrund stehende Beetrosen von 120 bis 140 cm hochgezogen werden. Für die englischen oder die romantischen Nostalgierosen wird der Schnitt wie bei den Beetrosen ausgeführt, sofern es sich um öfter blühende Rosen handelt.

Die wundervolle Rose Elbflorence mit ihrem rötlichen Austrieb halte ich in meinem Garten nicht höher als 60 – 70 cm, schräg dahinter erreicht die Rose Rosarium Uetersen eine Gesamthöhe bis zu 150 cm.

Mehrfach blühende Zwergrosen und Bodendeckerrosen schneide ich auf 30 cm Gesamthöhe zurück. Die Bodendecker-rose Knirps bildet bei einigen meiner Rosenbeete einen schönen Abschluss in dunklem Pink. Für alle Rosen-Arten gilt es, das trockene und kranke Holz herauszuschneiden. Bei den Bodendeckerrosen verwende ich die Heckenschere, um einen gleichmäßigen Schnitt zu erzielen. Einzelne Zweige zu schneiden wäre sehr arbeitsaufwendig. Wichtig ist in jedem Fall, dass das Gesamtbild der Rabatte in sich stimmig ist.

Zwergrose

Öfter blühende Strauchrosen bilden nicht nur an älteren Seitentrieben, sondern auch reichlich am diesjährigen Holz ihre Blüten. In der Regel lasse ich die Strauchrosen ohne stärkeren Schnitt gedeihen, ich schneide nur so viel zurück, dass sich ein ansehnlicher Strauch entwickeln kann. Alte, stark verholzte Triebe schneide ich direkt am Basisansatz in Erdnähe mit einer guten Astschere ab, so erziele ich eine kontinuierliche Verjüngung.

Für alle Schnittflächen, die ich an Rosen tätige, verwende ich nur erstklassiges Werkzeug mit einer scharfen Schneideklinge. Ein sauber geführter Schnitt lässt die Wunde leichter verheilen und es entstehen keine Einrisse, die eine Angriffsfläche für viele Krankheiten sein können. Eine Strauchrose benötigt etwas Platz, um sich schön zu entfalten und ihre ganze Pracht zeigen zu können.

Kräftige Strauchrosen wie die Rose Gebrüder Grimm zeigen sich sehr dekorativ in Einzelstellung (solitär).

Strauchrose

32

Parure d'or

Graham Thomas

Bei den **öfter blühenden Kletterrosen** schneide ich nur kümmerliche Triebe direkt an der Austriebsstelle ab. Bei jungen Kletterrosen leite ich die langen Triebe waagrecht am Klettergerüst entlang. Dadurch bilden sich viele aufrecht stehende Triebe, die reichliche Blüten hervorbringen werden. So kann sich die Kletterrose schön verdichten und ergibt einen guten Sichtschutz oder eine blumige Zaungestaltung. Bei Kletterrosen erfolgt die Verjüngung durch Ausschneiden von alten und kranken Trieben an der Basis.

Der Rückschnitt von **Stammrosen** richtet sich danach, welche Rosen-Art als Krone auf Fuß- (40 – 50 cm), Halb- (50 – 70 cm) oder Hochstamm (90 – 110 cm) veredelt wurde. Die Höhenangaben verstehen sich bis zur Veredelungsstelle.

Die kleinen Fußstämmchen werden in der Regel mit kleinen Zwergrosen veredelt. Diese schneide ich bis auf 10 – 15 cm zur Veredelung zurück, nur so entsteht ein reichlich blühendes Rosenbäumchen. Zwergstämmchen eignen sich auch sehr gut für die Topfhaltung.

Beetrosen oder Edelrosen werden hauptsächlich auf Halbstämmchen veredelt, um den herrlichen Duft der Rose in Nasenhöhe zu haben. Sie werden etwa 20 cm von der Veredelungsstelle aus zu einer gleichmäßigen Krone geschnitten.

Auf einem Kaskadenstämmchen mit einer Höhe von 120 – 140 cm thronen meist öfter blühende **Kletter- oder Bodendeckerrosen**. Für diese Gruppen gelten die Schnittregeln der Kletterrosen. Ich schneide lange Triebe nur leicht zurück, um die überhängenden blütentragenden Zweige sanft im Wind schaukeln zu lassen. Mein Kaskadenstämmchen ist mit der Kletterrose **Ghislain de feligonde** veredelt und bereitet mir viel Freude.

Ghislain de feligonde

Manchmal tut mir das Herz weh, wenn ich so viele schon weit ausgetriebene Rosentriebe wegschneiden muss, aber zur Blütezeit im Juni werde ich dann mit reichlicher Rosenpracht belohnt.

Schnittbeispiel für die Rosen

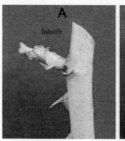 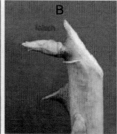 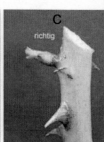

A **falsch**, ein zu langer Stiel über der Knospe (Kleiderhaken)

B **falsch**, zu kurz über der Knospe geschnitten, der Trieb kann austrocknen

C **richtig**, etwa 5 mm schräg von der Knospe abgewendet, damit die Wassertropfen von der Schnittstelle abfließen können. Die Knospe soll immer nach außen zeigen

Nur der Dumme sucht das Glück in der Ferne.
Der Kluge lässt es unter seinen Füßen sprießen.

Chinesisches Sprichwort

Genießen wir die schönen Frühlingstage und freuen uns auf den April, der ein Meer von Frühlingsblumen bereithält.

Die Natur im Wandel der Jahreszeiten

Die Clematis trägt noch einige Samenstände des Herbstes am Zweig und gleichzeitig die neuen Knospen für die Frühjahrsblüte.

April

der Frühlingsmonat

Der April zeigt uns im Garten ein immer bunter werdendes Blumenbild. Die Farben werden kräftiger und leuchten an einem sonnigen Tag mit den Sonnenstrahlen.

Der Blumenfreund

Wieder muß ich jeden Morgen
Eilig in den Garten gehn:
's ist die erste meiner Sorgen,
Meine Blumen zu besehn.

Welche Lust, wenn's grünt und sprießet!
Wenn ein Blümchen über Nacht
Schüchtern seinen Kelch erschließet
Und dann blüht in voller Pracht!

Frühling, gieb uns deinen Segen!
Gieb zu fröhlichem Gedeihn
Deinen Sonnenschein und Regen
Unsern lieben Blümelein!

August Heinrich Hoffmann von Fallersleben

Nach dem phänologischen Kalender befinden wir uns nun im **Erstfrühling**, der mit **29 Tagen** den ganzen April anhält.

Die Forsythien blühen längst, die Wiesen werden grün und die großen Krokushybriden in ihren schönen Farben leuchten uns entgegen. Veilchen und Primeln, Tulpen und die großen Nar-zissen, Gartenstiefmütterchen *(Viola wittrockiana)* und das Hornveilchen *(Viola cornuta)*, Schachbrettblume und Vergiss-meinnicht erfreuen unser Gärtnerherz. Nicht nur wir freuen uns über den Frühling, sondern auch die unzähligen Insekten, die nun endlich reichlich Pollen und Nektar finden. Draußen in der freien Natur blüht die Salweide *(Salix caprea)*, die zu dieser Zeit die wichtigste Nahrungsquelle für die Honigbienen und Hummeln ist. Die Frühlings-Seidenbiene sammelt nur von Weidenkätzchen Pollen und Nektar. Aus diesem Grund lasse ich die Weidenkätzchen draußen auf Feld und Flur, denn im warmen Zimmer verstauben sie nur unnötig ihre wertvollen Blütenpollen.

Welche Gartenarbeiten im April auf mich warten	
• Frühlingsblumen aus der Gärtnerei	S. 39
• Rasenpflege nach dem Winter	S. 41
• Rosen düngen und erste Blattspritzung	S. 45

Steht das Osterfest vor der Tür, soll es auch im Haus ein wenig österlich werden. Oft reichen nur ein paar Zweige von der Fel-senbirne, die schon dicke Knospen zeigen. Darunter können einige bunte Eier gelegt werden. Ich besitze eine schöne Back-form für ein Osterlamm, das von einer alten Bäckersfrau stammt. Diese Form arrangiere ich zu den Zweigen oder Tulpen und ein hübscher österlicher Schmuck für den Tisch ist fertig.

Diese von mir mit Zwiebelschalen gefärbten und mit Buntstiften bemalten Eier liebe ich besonders. Ich brauche dazu Muße und Geduld, dann gelingen sie mir und bereiten viel Freude beim Verschenken. Auch mit Farbe und Pinsel male ich gerne auf ausgeblasene Hühnereier hübsche Motive. Ein ganz besonders feiner Osterschmuck entsteht, wenn ich Glaseier mit Frühlingsblumen bemale. Sie sind mir sehr wertvoll, denn es steckt eine Menge Arbeit dahinter.

Mit seinem jungen Knospenheer
streift Frühling durch das Land,
streut frische Saaten rings umher
und hinterlässt ein Blütenmeer.
Der Vögel Chor singt Lob und Ehr
dem, der einst auferstand.

Anita Menger

Die Bezeichnung **Gründonnerstag** hat nichts mit der Farbe Grün zu tun. Das Wort kommt von Greinen, Klagen, Weinen. Es bezieht sich auf das Leiden Christi, auf die Todesangst am Ölberg.

Traditionell wird im deutschsprachigen Raum an diesem Tag etwas Grünes – Spinat oder eine Kerbelsuppe – auf den Tisch gebracht. In meinem Haushalt serviere ich am Gründonnerstag eine Spinat-Salatrauke-Suppe aus eigener Ernte.

Dazu gibt es Spiegeleier und Kartoffeln, ein köstliches und passendes Gericht für diesen Tag. Am Gründonnerstag ernte ich oft schon meinen ersten Salat aus dem Hochbeet.

Frühlingsblüher aus der Gärtnerei

Auch den Garten schmücke ich österlich. Meine besondere Liebe gilt den Stiefmütterchen und Hornveilchen.

Stiefmütterchen sind typische zweijährige Pflanzen, die im August angesät werden und grünen. Im Frühling tragen sie ihre schönen Blütengesichter, wo keines dem anderen gleicht. Im Frühlingsgarten möchte ich an einigen Stellen passend zu Krokus und Co. neue Stiefmütterchen pflanzen.

Auf den Wochenmärkten bieten die Gärtner aus der Umgebung

ihre Frühlingsblumen an. Mit einem großen Korb ausgerüstet suche ich nach den schönsten Blüten. Jedes Blütengesicht ist anders, die unterschiedlichen Schattierungen und Zeichnungen machen es mir schwer, eine Auswahl zu treffen.

Ebenso geht es mir mit den Hornveilchen, dass mir trotz ihrer zierlichen, aber reichlichen Blütenvielfalt eine Entscheidung schwer fällt. Trotzdem habe ich schnell meinen Korb mit reizenden Schönheiten voll gebracht.

Diese dankbaren Pflanzen stellen keine Ansprüche an Pflege oder Bodenbeschaffenheit und sind nicht kälteempfindlich. Sie mögen gerne einen halbschattigen Platz und nicht zu wenig Wasser, dann blühen sie sehr lange bis in den Sommer hinein.

Violen

Hornveilchen

Ich pflanze auch einige zwischen die kommenden Maiglöckchen, deren Blattspitzen schon aus der Erde lugen. Mit dem Verblühen der Maiglöckchen sind die Hornveilchen in die Höhe dem Licht entgegengewachsen. Das sieht hübsch aus und man könnte meinen, die Maiglöckchenblätter tragen Blüten einer besonderen Art.

Auch die anmutigen Ranunkeln haben es mir angetan. Der asiatische Hahnenfuß *(Ranunculus asiaticus)* ist, wie der Name schon sagt, ein Hahnenfußgewächs und wird aus einer Knolle kultiviert. Eigentlich sollten sie mehrere Jahre blühen, wenn die Knolle im Winter frostfrei gelagert wird. Die Ranunkeln, besonders die großblütigen, erinnern mich an Pfingstrosen. Ich liebe ihre wunderschönen Farben, die von Weiß, Gelb, Rosa, Dunkelrot bis ins Zweifarbige gehen. Manche Blüten schmücken sich noch mit einem andersfarbigen Rand, wie etwa weiße Blütenblätter in einen zarten rosa Abschluss übergehen. Da ich besonders, was den Garten angeht, ein ungeduldiger Mensch bin, will ich gleich ein Ergebnis sehen und kaufe mir diese Frühlingsblüher jedes Jahr neu. So kann ich mich den ganzen Frühling über eine üppige Blumenpracht freuen. Die Pflege ist wiederum einfach: Den Ranunkeln genügt ein guter lockerer Gartenboden im Halbschatten und sie brauchen nur mäßig Wasser. Ich pflanze sie gerne zwischen die Rosenstöcke, die ihnen einen lichten Schatten spenden.

Ranunkel

Allerdings hatte ich schon einmal Glück, dass im nächsten Jahr vereinzelt Knollen, die ich in der Erde gelassen hatte, wieder zum Blühen kamen. Ich werte das aber eher als Zufall.

Die Gartenarbeit ruft, **der Gartenrasen** bekommt seine **erste Pflege nach dem Winter.** Ich mähe den Rasen zuerst mit einer geringen Schnitthöhe. Den alten Filz und die Moose, die sich gebildet haben, lüfte ich mit einem Vertikutierer. Diesen Vorgang wende ich aber nur alle 2 – 3 Jahre an, das Wurzelwerk sollte ja nur gelüftet werden. Wenn die Grasnarbe zu oft aufgerissen wird, ist der flächige Wuchs des Rasens zu sehr gestört. Ist die Rasenfläche nicht zu stark vermoost, reicht die Belüftung mit einem guten Metallrechen aus. Ein organischer Bodenverbesserer, den ich ebenso nur in einem Zweijahresrhythmus auf den Rasen ausbringe, sorgt für die Bildung eines humosen Bodens. Die Rabatten bekommen gleichzeitig auch eine kleine Menge davon ab, die ich leicht in die Erde einarbeite. Die Beeterde ist ja die Energiekammer für die Pflanzen.

Um meiner kleinen Wiese einen guten Start in das Gartenjahr zu ermöglichen, streue ich zusätzlich im Frühling einen organischen Rasendünger als Starthilfe. Alle meine Düngemittel stammen von **der Fa. Engelhard**, denn da bin ich sicher, dass sämtliche Produkte aus organischen Rohstoffen hergestellt werden. Ich will ja meine Amseln, Stare, Meisen und die vielen anderen Vögel im Garten nicht vergiften, sondern der gesamten Fauna einen ganz natürlichen Garten anbieten.

Sollte es nicht unmittelbar nach dem Düngen regnen, ist es sehr sinnvoll, einen Rasensprenger aufzustellen. Dadurch gelangt der Dünger schneller ins Erdreich und erfüllt dort sofort seine Aufgabe. Ich kann fast zusehen, wie es jeden Tag auf der kleinen Wiese grüner wird. Das satte Grün und die bunte Blumen-

vielfalt lassen den Frühlingsgarten in einem für mich sehr erfreulichen Gesamtbild erscheinen.

Rasenreparatur

Bei der ersten Rasenpflege im Frühling entstehen immer kahle Stellen durch das Entfernen von Moos oder durch Blütenstauden und Bodendeckerrosen, deren üppiges Wachstum im Vorjahr zu viel Schatten verursachte. Diesem Übel helfe ich ab, indem ich dafür eine Reparatur-Rasenmischung verwende. Da es für das Keimen des Samens aber nachts mindestens 10 °C haben soll, warte ich mit dem Nachsäen bis Mai. Ein leichtes Anrauen der Kahlstellen genügt, um den Körnern Halt zu geben. Anschließend trete ich kleine Stellen fest. Bei größeren Flächen benutze ich ein Brett, das ich mit einer Schlaufe am Schuh befestige. Bei einer kompletten Neuansaat ist eine Walze sehr sinnvoll, da reicht das Brett am Schuh nicht mehr aus. Die Neuansaat darf nicht mit Erde bedeckt werden, da der Rasensamen ein Lichtkeimer ist.

Die schönen und warmen Tage drängen mich, möglichst viel Zeit im Garten zu verbringen. Eine kleine Ruhepause nach getaner Arbeit, einfach stillhalten, den immer stärker werdenden Vogelkonzerten lauschen und die herrlich frische Frühlingsluft tief einatmen, das erfüllt mich mit Freude und lässt mein Herz höher schlagen. Wenn ich über den Zaun schaue, dann kann ich bereits in den umliegenden Gärten bei den hohen Laubbäumen ein zartes Grün erkennen. Die Blattknospen sind prall gefüllt und kurz vor dem Aufspringen. Es dauert nicht mehr lange, bis die Buchen, Birken und die Ahornbäume sich in ihr hellgrünes Blätterkleid hüllen. Dabei fällt mir ein sehr wahrer Spruch ein:

Ein Garten ist für die menschliche Seele
die größte Erfrischung.
Ohne ihn sind Häuser und Paläste
nichts als grobe Handarbeit.

Francis Bacon

Blue Diamond

Der Garten steht in voller Blüte. Nach den Zwiebelblühern zeigen sich Tulpen,
Bellis, Hornveilchen, Primeln, Goldlack und viele andere
in ihrer ganzen Pracht in den Beeten.

Wilder Goldlack

Goldschlüsselblume

Goldlack Hybrid

Aurikel hybride

Yellow Pomponette

Gefüllte Tulpen

Crystal Star

Bellis

Tulpe Verona

Kugelprim

Nach der Rasenpflege kommen die Rosen an die Reihe. Haben die Amseln das Abhäufeln der Rosen nicht schon erledigt – sie scharren ja wie die Hühner in der lockeren Oberfläche – dann ist das der erste Schritt. Ich streue in den eingeebneten Mistkompost vom Herbst einen organischen **Rosendünger** mit etwas vom Mykorrhiza-Pilz (mehr auf Seite 68) nahe um die Bodentriebe und arbeite beides leicht ein. Ich hatte am Anfang in meinem Garten einen sehr schweren Boden mit vielen Steinen. Da ich Jahr für Jahr immer wieder gute Erde mit Kompost im Herbst auf die Beete auftrage, ist nun mein Gartenboden sehr locker und leicht durchlässig geworden. So habe ich mit den Jahren eine gute Basis geschaffen. Der Mykorrhiza-Pilz hilft, die nötigen Nährstoffe an die Rosenwurzeln zu binden, damit sie nicht gleich vom Regen in den sandigen Untergrund geschwemmt werden.

Meine Rosen bekommen nun die erste **blattstärkende Spritzung**. Wiederum ein homöopathisches Mittel, das auf die nun schon sehr weit ausgetriebenen Rosenblätter unterhalb und oberhalb und auf den Stamm gespritzt wird. Das stärkt die Blattstruktur und den ganzen Rosenstrauch. Diese Spritzung macht die Rose nicht so anfällig für saugende Insekten und Pilzkrankheiten. Ich verwende das Biblantol speziell für Rosen schon einige Jahre und habe guten Erfolg damit. Es eignet sich wunderbar zur Stärkung der Rosentriebe, denn so werden schon jetzt ihre Abwehrkräfte angeregt und Schädlinge können nicht so leicht in die kräftigen Knospen und jungen Blätter eindringen. Diese Spritzung sollte alle zwei Wochen bis zur Blütezeit wiederholt werden. Mir ist es sehr wichtig, dass ich in meinem kleinen Reich keine chemisch-mineralischen Substanzen verwende. Wir als Gartenbesitzer können einen großen Beitrag leisten, dass Insekten aller Art einen Lebensraum vorfinden, in dem sie sich wohlfühlen.

Trotz der Behandlung mit einer Blattspritzung ist es gut, wenn ich meine Rosen immer wieder genau überprüfe, ob eventuell bereits kleine Raupen unterwegs sind, die sich in die weichen Rosenblätter einspinnen und die Blätter anfressen. Diese Schädlinge werden von mir gnadenlos zerdrückt und entsorgt, denn ich kann in diesem Stadium nicht nachvollziehen, um welchen Schädling es sich handelt. Die Gartenvögel leisten natürlich auch ihren Teil zur Schädlingsbekämpfung. Ich prüfe immer wieder die Feuchtigkeit der Beete, die Wärme und der Wind trocknen mehr aus, als man meint. Die Erde darf jetzt nicht austrocknen, denn die üppige Vegetation verbraucht sehr viel Energie, sprich Wasser.

Meine Vorfreude auf eine schöne Rosensaison nimmt zu, denn ich stelle mir den Garten schon wieder im Duftrausch vor.

Der Frühling erfordert einiges an Arbeit und Mühe. Wir werden aber dafür reich beschenkt. Ein gepflegter Garten ist eine Freude, denn wir bekommen auch viel zurück. Mein Garten dient mir als Fitnessstudio, in dem ich meine Muskeln trainiere und meine Beweglichkeit stärke.

Der Garten braucht uns und wir brauchen den Garten. Ohne ihn wäre das Leben nur halb so spannend.

Ja, ja, der April macht immer noch, was er will!

Nicht selten schickt uns der kalte Nordwind mit Graupelschauern und Regen eine letzte Erinnerung an den Winter, den wir bei den schönen warmen Frühlingstagen schon längst vergessen haben. Das ist aber halb so schlimm, denn so ein Intermezzo dauert nur wenige Tage an. Die Vegetation legt eine kurze Atempause ein und Schadinsekten ziehen sich daher etwas zurück.

Nach einigen Tagen können wir die Terrasse wieder nutzen, um in Gemütlichkeit ein gutes Glas Wein zu genießen. Das Genießen des Gartens ist für mich ein ganz wichtiger Punkt. Nicht umsonst pflege ich meinen Garten mit viel Liebe und Sorgfalt.

Die Baumpaeonie

Ein besonderes Schmuckstück, das in vielen Gärten zu finden ist, stellt die **Baumpfingstrose**, auch Strauchpfingstrose oder Baumpaeonie genannt, dar. Es gibt sie in vielen Farben von Weiß, Gelb und Rosa oder eben meine bordeauxrote wunderbare Lue Yang Heng. Sie beherrscht im Moment das Staudenbeet.

Die **Baumpfingstrose** (Paeonia suffruticosa) stammt aus China und war dort schon 1000 Jahre vor Christus bekannt. Etwa 700 vor Chr. gelangte sie nach Japan und erst 1787 wurde die Pflanze in England eingeführt. Die Baumpfingstrose gedeiht in guter humoser und nährstoffreicher Erde. Sie liebt einen sonnigen, windgeschützten Platz und ist problemlos in der Pflege. Diese Pfingstrose wird im Herbst nicht geschnitten, außer es sind mit den Jahren sehr alte und brüchige Triebe entstanden, die erst nach der Blüte herausgeschnitten werden. Sie

Baumpfingstrose

ist gut winterhart und anspruchslos. Eine einzelne Blüte, die mich in ihrer besonderen Schönheit erfreut, gönne ich mir für eine passende Vase.

Baumpfingstrose

Diese Baumpfingstrose mag es nicht gerne, wenn sie versetzt wird. Ich habe mich aber trotzdem entschlossen, sie im letzten September an einen anderen Platz zu verpflanzen, denn sie wurde zu groß und hat zu viele andere Stauden verdrängt. Ich habe sie nach ihrer reichen Blüte ziemlich eingekürzt. Dadurch bekam sie die Möglichkeit, über den Sommer neue Blütentriebe zu bilden. Erst im September hat die Schöne dann einen neuen Standort bekommen. Sie hat den Winter sehr gut überstanden und zeigt kräftige Austriebe.

Bei genauem Hinsehen kann ich zu meiner Freude feststellen, dass sich mindestens drei Blütenknospen gebildet haben. So kann ich mich in diesem Frühling wiederum, wenn auch etwas später, an den schönen Blüten erfreuen.

Dieses Experiment, das ich notgedrungen ausprobieren musste, ist gelungen. Mein kleiner Garten kann halt nur begrenzt größere Stauden beherbergen. Ich hatte nicht bedacht, dass die **Baumpaeonie** mindestens 1,5 m hoch und ausladend breit wird.

Der Garten freut, nährt uns und erhält.
Aus traurigem Gemüt scheucht er die schweren Sorgen:
Und mannigfache Freude wird dem Gärtner zum Geschenk.

Asmenius

Paeonia Lue Hang Heng

Die Eigenheime unserer Singvögel sind fertig gebaut und bezugsreif. Ich möchte den Nestbau unserer geliebten Amseln näher beschreiben. Geliebt von mir deshalb, weil die Amseln das ganze Jahr im Garten leben, mich mit ihrem Gesang erfreuen und treue Besucher am Futterhaus sind. Es ist sehr lustig anzusehen, wenn die Amselmännchen sich um die Angebetete streiten und richtige Kämpfe ausfechten, um dann mit ihrem Weibchen einen geeigneten Platz für das Nest auszusuchen. Es wird keine Konkurrenz geduldet, das nächste Nest muss schon zumindest auf einem anderen Baum, einem Strauch oder in Kletterpflanzen, wie dem Efeu an einer Fassade, sein. Die Amseln sind Freibrüter, sie brauchen keinen Nistkasten.

Die Amsel, auch Schwarzdrossel genannt, baut ein besonderes Nest. Das Weibchen fertigt allein ein schalenförmiges Nest an.

Zuerst wird aus Zweigen, Moos und großen Halmen eine Nestbasis gebaut. Diese wird mit feuchter Erde, Schlamm und feuchten Blättern ausgekleidet. An unserem Gartenteich findet die fleißige Amselfrau viel geeignetes Nistmaterial, das sie in gehäufter Menge zum Nestbau trägt. Nach einer Trockenzeit von ca. einem Tag wird der Rohbau vom emsigen Weibchen mit weichem Moos, Laub und feinen Halmen ausgekleidet. Durch Hin- und Her-Bewegen der Amsel bekommt die Kinderstube ihre endgültige Nestform. Das Amselnest ist sehr kompakt gebaut, denn die jungen Amseln sind, bis sie endlich aus dem Nest hüpfen, ziemlich groß geworden.

Kurze Zeit später legt das Weibchen jeden Tag ein Ei ins Nest, bis das Gelege 3 – 4 Eier beträgt. Sehr oft werden aber nur 1 – 3 Eier ausgebrütet. Die Amsel verlässt das Nest nur zur Nahrungsaufnahme und in dieser Zeit wird sie vom Gatten vertreten. Die Brutzeit liegt im Mittel bei 13 Tagen. Sie brüten zweimal, höchstens dreimal im Jahr.

Wenn die Küken flügge sind, habe ich ein besonderes Augenmerk auf den Ruf der Amselmutter, die bei Gefahr einen schrillen und zeternden Ruf ausstößt. Meistens ist eine Katze in der Nähe, die ich dann gleich verscheuche, denn die jungen Amseln sind sehr tollpatschig und können noch nicht fliegen. Die Amselmama versteckt ihre Jungen geschützt am Boden unter dichtem Blattwerk.

Das Starenmännchen hat nun den sehr begehrten Brutkasten an der Garagenwand wieder entdeckt und wirbt mit heftigen Flügelschlägen und Lockgesängen um sein Weibchen.

An den lauten Liebesliedern der übrigen Gartenvögel lässt sich erkennen, dass nun alle mit Partnerwerbung und Nestbau beschäftigt sind.

Gegen Ende des Monats April sind die Erstblüher des Vorfrühlings schon verblüht. Die sehr lang gewordenen Blätter der Frühlingszwiebeln werden nun fast lästig, weil sie alle nachkommenden Blumen verdecken. Ich bündle Krokus-, Schneeglöckchen- und Märzenbecherblätter zusammen und schneide sie eine Handbreit oberhalb ab. Das übrige Grün benötigen die Zwiebeln, um sich zu regenerieren. Die verblühten Wildtulpen schneide ich bis auf zwei grüne Blätter zurück.

Mai

der Wonnemonat

Der Mai strahlt mit seinen Düften und seiner Frische eine besondere Anmut aus.

Frühlingsglaube

Die linden Lüfte sind erwacht,
Sie säuseln und weben Tag und Nacht,
Sie schaffen an allen Enden.

O frischer Duft, o neuer Klang!
Nun, armes Herz, sei nicht bang!
Nun muss sich alles, alles wenden.

Die Welt wird schöner mit jedem Tag.
Man weiß nicht, was noch kommen mag.
Das Blühen will nicht enden.

Es blüht das fernste tiefste Tal.
Nun, armes Herz, vergiss die Qual!
Nun muss sich alles, alles wenden.

Ludwig Uhland

Der Wonnemonat Mai ist angebrochen. Ich weiß nicht, wie es anderen Leuten geht. Aber für mich ist der Mai einer der schönsten Monate im Jahr. Das dichte frische Grün der Bäume, die gelben Wiesen und Felder, der gute Duft in der Luft und das Licht der Sonne zeigen uns, jetzt ist der Winter endgültig besiegt. Es kommt eine ganz schöne Zeit auf uns zu.

Welche Gartenarbeiten im Mai auf mich warten	
• Terrassen- und Balkonbepflanzung	S. 51
• Beete aufräumen	S. 56
• Rosenspritzung	S. 63
• Auf Schädlinge achten	S. 63

Wir befinden uns nach dem phänologischen Kalender im **Vollfrühling**, der mit **30 Tagen** den ganzen Mai andauert.

Die weißen Glöckchen im Mai

Als erstes sind natürlich die **Maiglöckchen** *(Convallaria majalis)* benannt, sie kommen aus der Familie der Spargelgewächse und sind sehr giftig. Neben dem herrlichen Grün, das uns der Mai in vielen Schattierungen bringt, erfüllt er meinen Garten

mit dem unglaublich guten Duft der Maiglöckchen. Ich liebe diese zarten Blüten besonders und möchte sie nicht missen. Es ist unmöglich, an den anmutigen und duftenden Glöckchen vorbeizugehen. Das Aroma der Maiglöckchen ist das unvergleichliche Parfum für den Mai. Die Blüten erinnern mich durch ihre zarte Schönheit an eine junge Braut.

Das Maiglöckchen vermehrt sich mit einem dichten Wurzelgeflecht sehr rasch, welches im Winter Energie speichert und bei steigenden Temperaturen aus dem Rhizom einige Triebe sprießen lässt, woraus sich das bekannte Maiglöckchen entfaltet. Es liebt einen halbschattigen, leicht feuchten, lockeren Boden und stellt keine Ansprüche an eine besondere Pflege. In meinem Vorgarten dürfen sie sich auch vermehren, sollten es einmal zu viele werden, dann kann ich sie leicht durch Teilung im Zaum halten. Die übrigen Wurzelstöcke verschenke ich, es freuen sich immer wieder Leute über das Maiglöckchen.

Das **Tränende Herz** *(Dicentra spectabilis)* zählt zur Familie der Mohngewächse. Auch der weiße Herzerlstock *(Alba)* ist

eine von mir geliebte Maiblüte, deren weiße Blüten sich am grünen Stängel wie Perlen aufreihen.

Sie öffnen sich und eine Träne erscheint. Diese

Sommerknotenblume

enorm eleganten Maiblüher sind leicht zu pflegen und entwickeln sich zu einem kräftigen Busch, der alle fünf Jahre geteilt werden will. Begleitet die lange Blütezeit das blaue Vergissmeinnicht und steht sie im Halbschatten, dann wird sie zum Hingucker im Frühlingsgarten. Es gibt noch das rote Tränende Herz, das eher in den Gärten zu finden ist.

Das dritte weiße Glöckchen im Mai ist die **Sommerknotenblume** *(Leucojum aestivum)*; dieses außerordentlich schöne Glöckchen habe ich im März schon vorgestellt.

Die Terrassen- und Balkonbepflanzung

Anfang Mai ist es wieder so weit. Die Terrasse oder der Balkon werden mit schönen Sommerblumen, die in Töpfe und Kästen gepflanzt werden, in ein Wohnzimmer im Freien verwandelt.

In vergangener Zeit hat es geheißen, die Sommerbepflanzung soll nicht vor den Eisheiligen erfolgen, die erst Mitte des Monats im Kalender stehen. Aber so lange will ich nicht warten, es ist schon schön warm, und sollten noch kalte Nächte kommen, liegt ein Abdeckvlies zur Hand.

Ich habe viele Töpfe zu bepflanzen und mache mir daher einen Plan, an welcher Stelle welche Farben gepflanzt werden. Wiederum ist es für mich sehr von Bedeutung, dass die Farben harmonieren und ein wohltuendes Gesamtbild ergeben. Ich pflanze oft, je nach Größe des Topfes, von einer Sorte mehrere gleiche Exemplare zusammen, das ergibt einen effektiveren Farbpunkt. Zwischen die Blühpflanzen platziere ich meine Buchskugeln im Topf, die dann einen ruhigen Übergang zur nächsten Farbe bilden. Das klingt vielleicht etwas kompliziert, ist aber nicht so, einmal ausprobiert klappt das jedes Jahr wunderbar.

Die Rosen im Topf, die den Winter prächtig überdauert haben und schon im Blatt stehen, dürfen nun wieder ihren Platz auf

der Terrasse einnehmen. Natürlich brauchen gerade die Topfpflanzen genügend Dünger und Wasser. Ich verwende einen Langzeitdünger, der versorgt die Blumen mit Nahrung, wie sie sie brauchen. Zur Bewässerung habe ich eine Bewässerungsanlage installiert, das erspart mir das viele Gießen und ich kann auch bei hohen Temperaturen für einige Tage den Garten verlassen. Außerdem wirkt sich so eine Gießanlage sparend auf den Wasserverbrauch aus, die Wassermenge und die Gießzeiten können mittels einer kleinen Solarzelle gesteuert werden. Ich genieße diese gewonnene Zeit für mich und erfreue mich daran, wie die Blumenpflanzen durch die gleichmäßige Befeuchtung üppiger wachsen.

Tulpen und Flieder zum Muttertag

Auch wenn diese beiden Blüten für „altmodisch" gehalten werden, so stellen sie doch jedes Jahr zu dieser Zeit in unserem Garten ihre Blütenpracht vor. Ob Muttertag oder nicht, wir freuen uns immer wieder über den intensiven Duft des Flieders und die unendliche Vielfalt der Tulpen. Ich glaube schon, dass ein kleiner Strauß Blumen aus dem

Tulpe Verona

eigenen Garten für jede Mama eine besondere Freude bringt.

Es müssen nicht immer die um diese Zeit überteuerten Schnittblumen sein. Ich kann mir vorstellen, ein Geschenk besonderer Art wie ein Blu-

Flieder

menkasten, gefüllt mit Sommerblumen, oder ein Topf, bepflanzt mit duftenden, mediterranen Küchenkräutern, macht sicher viel Freude.

Eine Rose zum Fest

Pünktlich zu den Pfingstfeiertagen erblüht die Pfingstrose. Die **Bauernpfingstrose** *(Paeonia officinalis)* hat ihre prall gefüllten, dunkelroten Blütenköpfe geöffnet. Leider blüht sie nicht

Bauernpfingstrose

lange, umso kostbarer ist die Staude für jeden Garten. Die Bauernpfingstrose steht mit ihren dicken roten Blütendolden gemächlich und einnehmend neben den zarten Maiblühern duftend im Blumenbeet.

Die Pflege ist einfach, sie will einen hellen bis sonnigen Standort im humosen, aber nicht zu feuchten Boden. Neben einem kleinen Baum mit hochtragender Krone fühlt sie sich wohl und

will möglichst in Ruhe gelassen werden. Nach einer Verpflanzung muss man damit rechnen, dass sie bis zu drei Jahre braucht, um wieder ihre volle Blühleistung zu erreichen. Sollte diese Prachtstaude zu groß werden, ist es am günstigsten, sie im Herbst zu teilen, indem man am Rand etwas absticht. Die Pfingstrose blüht am besten am alten Stock. Die gewonnenen

Ableger-Augen nicht zu tief pflanzen, aber mit etwas Kompost verwöhnen. Zurückschneiden nach der Blüte verringert das Volumen der Staude, was aber jetzt nur 2 – 3 Blattachseln betrifft. Sie bleibt bis zum Herbst im Laub stehen und bildet bis dahin bereits die neuen Blütenknospen im Wurzelstock für den nächsten Frühling.

Die hochwachsende Pfingstrose blüht etwas später, meistens zu Beginn der Rosenblüte. Die weißen, rosa und roten, gefüllten Blütendolden verströmen dann gleichzeitig mit den ersten Rosen ihren herrlichen Duft. Inzwischen sind viele Neuzüchtungen auf dem Markt, die in Pfingstrosen-Ausstellungen gezeigt werden.

Hohe Pfingstrose

Eine weitere Bereicherung meines kleinen Gartens ist der Küchengarten. Ich habe das Glück, dass das Grundstück am Ende einer Sackgasse liegt und nicht durch einen Zaun abgetrennt ist. So habe ich die Möglichkeit genutzt und gleich neben der großen Eibe, die den Garten offiziell begrenzt, ein Hochbeet und die Töpfe mit den Küchenkräutern aufgestellt. Wie die Bilder zeigen, gibt es verschiedene Möglichkeiten, die Kräuter dekorativ zu ordnen.

Mit einigen Sommerblumen, wie Ringelblumen, Kapuzinerkresse, Kamille und Minze lockere ich dieses Gärtchen auf. An den Gartenzaun zur Bauernwiese stelle ich dann die Tomaten- und Paprikatöpfe dazu. Diese sehr wärmeliebenden Geschöpfe bekommen eine geeignete Kunststoffhülle so lange übergestülpt, bis der Hochsommer den Schutz unnötig macht. Zu meiner Freude ernte ich jedes Jahr reichlich und freue mich über diesen zusätzlichen Duftgarten. Die wichtigsten mediterranen Kräuter sind Rosmarin, Thymian, Salbei, Melisse, Minze, Oreganum, Basilikum, Majoran und einige mehr. Im Sommer ernte ich diese kostbaren Kräuter, trockne sie, und mein Vorrat für den Winter ist gesichert. Im Hochbeet wächst schon die zweite Generation vom Pflücksalat und Spinat. Eine besondere Bereicherung für den täglichen Salat ist der Rucola, der schon gut im Wuchs ist. Petersilie und Schnittlauch sind natürlich das absolute Muss in einem Küchengarten.

Ein Appell an alle Gartenfreunde

Ich möchte an dieser Stelle auf ein großes Problem hinweisen, das uns alle, ja, die ganze Menschheit betrifft. Wie in den Medien berichtet, sind viele heimische und weltweit verbreitete Arten vom Aussterben betroffen oder deren Überlebenschance in hohem Maße bedroht. Jede dritte Tierart ist bereits gefährdet. Wenn ich nur an die Insekten denke. Mauersegler und Schwalben finden nicht mehr genug Nahrung und sind daher in ihren Beständen stark gefährdet. Wo findet man noch blühende Wiesen, wie es sie in meiner Kindheit gab, wo sind Margeriten, Bocksbart, Glockenblumen, Kuckuckslichtnelken, Wiesensalbei und vieles mehr noch anzutreffen? Die schönen Maiwiesen in ihrem bunten Aussehen und herrlichem Duft nach Frühling sind verschwunden. Durch die Flurbereinigung sind hektarweit nur noch Monokulturen und einheitlich landwirtschaftlich genutzte Flächen zu finden, die unser Landschafsbild prägen. Kein Hase, Rebhuhn, Fasan oder Kiebitz findet mehr zwischen den Feldern ein Versteck oder einen Ruheplatz. Es sollte uns ein Alarmzeichen sein, dass selbst 600 Wildbienenarten bedroht sind.

Wir Gartenbesitzer können zumindest einen, wenn auch kleinen, Beitrag für mehr Insekten im Garten leisten. Es gibt im Handel Samen von Wiesenblumen und bunt gemischten Sommerblumen, die Insekten anlocken. Ich habe eine große, alte Badewanne dazu verwendet, um darin zusätzlich zu den Gartenblumen noch „Insektenfutter" wachsen zu lassen. Diese Samen sind wirklich einfach auszubringen. Sie befinden sich in einem 60 cm × 40 cm großen Vlies, das einfach auf die Erde gelegt und etwas mit Humus bedeckt wird. Ebenso kann eine gefüllte Kompostmiete, die noch bis zum Herbst zur Reife braucht, mit ein wenig Erde aufgefüllt ein zusätzliches Blütenbeet ergeben. Selbst auf dem Balkon im Kasten ist ein kleines Reich für die Insekten möglich.

Ich würde mir wünschen, dass der Gesetzgeber die Landwirte dazu verpflichtet, für eine bestimmte Größe bebauter Felder Ausgleichsflächen mit Feld- und Wiesenblumen zu schaffen. Wenn man bedenkt, dass eine landwirtschaftlich genutzte Wiese bis zu acht Jahre braucht, um sich zu regenerieren, ist das ein langer Weg, aber wäre immerhin ein Anfang, den bedrohten Tierarten in unseren Breiten eine Überlebenschance zu geben.

Das Fest von Pfingsten mit dem Symbol der Taube möge den Verantwortlichen Weisheit, Erkenntnis und Erleuchtung bringen und den Pfingstochsen im Stall lassen.

„Leben allein genügt nicht"
Sagt der Schmetterling.
Sonnenschein, Freiheit und eine kleine Blume
Muss man auch haben.

Hans Christian Andersen

Frühlingsputz im Staudenbeet, **die Beete werden aufgeräumt**

Der üppige Blütenrausch der Zwiebelblüher und somit der erste Blütenflor des Frühlings sind schon wieder vorbei. Nur wenige späte Tulpen stehen noch, ausgebleicht von der Sonne, im Beet. Sämtliches Kraut von Schneeglöckchen, Krokus und Co. liegt matt und schon bräunlich auf der Erde. Die Schnecken finden es schön, sich darunter zu verkriechen und die feuchte Kühle zu genießen. Dem werde ich schnell ein Ende setzen, denn die sehr lang gewordenen, teils gebündelten Blätter lassen sich schon ganz leicht aus der Erde ziehen. Ab Mitte Mai haben die Zwiebeln ihre Regeneration beendet und gehen in den Sommerschlaf. Eine kleine Gabe Dünger kann nicht schaden, was den Zwiebeln und den Sommerblumen, die ich eventuell an diese Stelle setze, sehr gut bekommt. Nur das Tulpenkraut lasse ich noch stehen, haben doch die späten Sorten gerade erst ihre Blütenblätter fallen lassen. Ich schneide nur die Fruchtstände ab, so verbrauchen sie keine Energie für die Samenbildung. Auch bei den Narzissen gehe ich so vor, denn da stehen die Blätter noch frisch aufrecht.

Das macht natürlich ziemlich viel Arbeit, aber die Rabatten werden gleichzeitig auf Unkraut und Schnecken überprüft. Außerdem finde ich es schön, wenn wieder eine gewisse Ordnung im Blumenbeet herrscht. Die Pfingstrose, besonders die Bauernpfingstrose, hat sich mächtig ausgebreitet und an Volumen zugelegt. Mit einem Staudenhalterungssystem halte ich die sehr breiten Stauden zusammen, damit bekommen auch die nebenstehenden Pflanzen mehr Luft und Sonne. Sinnvoll ist es jetzt, alle hochgewachsenen Blütenstauden etwas zusammenzubinden, ein schwerer Regen oder starker Wind könnte die üppigen Büsche auseinanderdrücken.

Eine Blütenpracht in Lila, das Allium

Ein zartes Lila übersät nun die Rabatten – der Zierlauch, stramm aufrecht stehend, wiegt seine Blütenkugeln leicht im Wind. Die Hummeln und Wildbienen lieben dieses Nektarangebot und sind ständige Gäste.

Der Mai bringt diese besonders attraktive Blüte einer Zwiebelpflanze hervor, die im Hintergrund der Rabatten steht. Die kugeligen lila Scheindolden des Alliums oder Zierlauchs, die sich mit ihren lilafarbenen Blütenkugeln auf langen Stielen geschmeidig in die dritte Dimension bewegen, sind ein hübscher Kontrast zu den anderen Blütenstauden. Auch die Sorten mit weißen Dolden haben einen besonderen Charme.

Der Zierlauch erfüllt seine Aufgabe ausgezeichnet als Übergangsblüte vom Vollfrühling zur Rosenblüte im Frühsommer. Er stammt aus dem Nahen Osten, in dieser Region gibt es noch viele unentdeckte Arten dieser bezaubernden Pflanze. Die Vielfalt der Hybriden ist groß. Es gibt insgesamt mehr als 800 Arten, von denen ich nur einige kenne.

Der Riesenlauch entwickelt einen Blütenkopf so groß wie ein Kinderkopf. Diese großen Blütenkugeln, die etwas später aufblühen, ergeben einen unentbehrlichen Schmuck für das Gartenbild. Selbst die ganz kleinen Kugeln, nicht größer als ein Tennisball, bringen einen tollen Effekt, wenn sie ganz dicht gepflanzt stehen.

Einfaches Allium

In meinem Garten blühen hauptsächlich die „wilden" Sorten. Sie vermehren sich sehr rasch und bilden im Hintergrund des Staudenbeetes eine lila Blütenwand. Wenn das Blattwerk, das sich sehr üppig entwickelt, zu viel Platz einnimmt, schneide ich einfach ein Stück von den langen Blättern ab. Meistens sind sie ja schon abgeknickt, denn das Grün ist sehr weich und instabil. Sollte eine danebenstehende Staude dieses wenig dekorative Grünzeug nicht verdecken, wird es einfach entfernt. Bevor die Blütenkugeln die ausgereiften Samen verstreuen, ist es auf jeden Fall besser, diese rechtzeitig abzuschneiden, außer der Garten verträgt einen größeren Zuwachs dieser lila Kugeln.

Von Jahr zu Jahr begeistert mich das Allium immer mehr, sodass ich wieder nach neuen Sorten Ausschau halte, um mein Sortiment zu erweitern.

Kugelallium

Sternallium

Sternkugellauch

Die Akelei

Eine sehr bescheidene, aber anmutige Blume ist die **Akelei** *(Aquilega)* die zu den Hahnenfußgewächsen zählt. Die zart geformten Blüten finden sich fast in jedem Garten.

Niedrige Akelei

Als Wildform wächst sie auf Bergwiesen und an Waldrändern. Beim Standort ist sie nicht wählerisch, sondern fühlt sich überall wohl, wo ihre unzähligen Samen hinfallen. Darum schneide ich die Samenkapseln rechtzeitig ab, sonst stehen in meinem Garten nur noch Akeleien. Ich mag sie ja sehr gerne, aber zu viele davon sind eben im kleinen Garten nicht möglich.

Alle Farben der Akelei von Dunkelblau über Rosa zum Dunkelrot, Weiß, Hellblau, gefüllt oder einfach blühend fügen sich zart an das Allium an.

Wenn du in einem Garten keine Liebe machen kannst, wenn du dort nicht träumen oder dich betrinken kannst – asphaltier ihn doch, wozu ist er sonst gut?

Tim Smit in „The Lost Gardens of Heligan"

Die Hummeln besuchen diese zarten Blütenköpfe mit ihren nach hinten gebogenen Sporen sehr gerne.

60

Dazu das schöne Blau vom Vergissmeinnicht und das Weinrot eines besonderen **Goldlacks** *(Erysimum cheiri)*, der mit seinen unterschiedlichen Farben von Gelb bis ins Dunkelrot geht.

Es blüht noch mehr im schönen Monat Mai

Die **Schwertlilie** *(Iris Germanica)*. Sie wird auch Bart-Iris genannt, zu Recht, denn sie hat im Inneren der zungenförmigen Blütenblätter bartähnliche Staubgefäße. Diese wunderbaren Blüten stehen auf 40 – 80 cm hohen Stängeln, die mehrere Blüten hervorbringen. Der Name Iris stammt von der griechischen Göttin des Regenbogens. Kein Wunder, denn die zarten Farben erinnern an die Pastelltöne des Regenbogens.

Es gibt inzwischen Schwertlilienzüchter, die unendlich viele Farbkombinationen hervorbringen, von reinweißen bis zu schwarzvioletten und auch mehrfarbigen Exemplaren. Nach der Blüte fügt sich die wunderschöne mehrjährige Staude elegant mit den graugrünen Schwertblättern ins Rosenbeet ein.

Nun, da alles gewachsen ist und in Blüte steht,
muss selbst der parteiische Betrachter zugeben,
dass die Erde unerschöpflich ist,
wenn man nur versteht,
sie sich nutzbar zu machen.

August Strindberg

Rosenspritzung

Die **Rosen** brauchen jetzt wieder ganz besonders meine Aufmerksamkeit. Eine **weitere Blattstärkungsspritzung** ist fällig. Ich achte auf gelbe Blätter bei den Rosen und an anderen Stauden wie den Hortensien. Mit Hilfe einer Gabe von Eisendünger, der als Pulver ins Gießwasser kommt, ist der Eisenmangel schnell behoben. Sollte diese Maßnahme nicht wirken, dann schneide ich bei der betroffenen Rose den Zweig ab.

Selten, aber doch, macht mir ein Insekt zu schaffen. Dieser **Schädling** ist der **Knospenstecher**, ein Rüsselkäfer, der die Rosenknospen ansticht, um seine Eier darin abzulegen. Anschließend sägt das kluge Insekt auch noch den Knospenstiel an und die Knospe fällt in kurzer Zeit zu Boden. Dort reifen die Eier und entwickeln sich zu neuen Schädlingen. Der einzige Weg, diesen Missetäter zu reduzieren und ihm sein Handwerk zu legen, ist das Absammeln der betroffenen Knospen und ihre Entsorgung im Restmüll.

Im wunderschönen Monat Mai,
Als alle Knospen sprangen,
Da ist in meinem Herzen
Die Liebe aufgegangen.

Im wunderschönen Monat Mai,
Als alle Vögel sangen,
Da hab ich ihr gestanden
Mein Sehnen und Verlangen.

Heinrich Heine

Ich sehe im Mai auch den Monat der Liebe. Viele Paare geben sich in dieser Zeit das Jawort.

Der Mai beschenkt uns mit einer Fülle an frischem Grün, duftenden Wiesen und Gartenblumen. Der „Herzensmonat" Mai geht nun zu Ende und führt uns in eine blütenreiche Zeit, in die Rosenzeit. Hoffentlich können wir den Rosenmonat voll genießen und schmälert uns kein Unwetter die Rosenpracht. Der Wettergott sei uns gnädig.

Juni

der Rosenmonat

Das macht, es hat die Nachtigall
Die ganze Nacht gesungen;
Da sind von ihrem süßen Schall,
Da sind in Hall und Widerhall
Die Rosen aufgesprungen.

Theodor Storm

Welche Gartenarbeiten im Juni auf mich warten

Die ersten drei Wochen des Juni, diese **22 Tage**, bestimmt der phänologische Kalender als **Frühsommer**.

Der Frühsommer bringt warmen Regen übers Land, der die Rosenknospen anschwellen und ihre Blüten entfalten lässt. Die Eine oder Andere zeigt schon zaghaft die Blütenfarbe. Sicher ist im Monat Juni noch eine Steigerung der Schönheit unserer Gärten zu erwarten. Wer ein Rosenliebhaber ist, so wie ich, der wird sich an hunderten von Rosenblüten erfreuen. Wenn sie ihre Pracht und ihren Duft in Hülle und Fülle über den Garten ergießen, dann hat wirklich die Hochzeit im Garten begonnen.

Anfang Juni ist eine erneute **Düngung des Rasens** notwendig. Das regt die Grasbüschel an sich zu entwickeln und es entsteht eine dichte und kräftig grüne Grasnarbe. Ich mähe meine kleine Wiese jede Woche, das lässt das Gesamtbild des Gartens etwas größer erscheinen.

Nun ist es an der Zeit, die einjährigen und mehrjährigen **Sommerstauden und Blühpflanzen** einzukaufen. Überall dort, wo die Frühlingszwiebelblüher sich in die Regenerationszeit zurückgezogen haben, setze ich niedrige Polsterblüher ein. Diese Neuanwärter meines Gartens pflanze ich an den Rand der Rabatten, wo sie einen schönen geschlossenen Beetabschluss bilden. Bleiben zu große Erdflecken unbepflanzt, bildet sich ganz schnell das Unkraut und das macht nur zusätzlich Arbeit. Sehr hübsche „Lückenbüßer" sind die

Polsternelken

blauen, einjährigen Lobelien (auch Männertreu genannt) und die blauen **Polsterglöckchen** (*Campanula poscharskyana*), die nur 15 cm hoch werden. Sie blühen viele Jahre immer wieder, breiten sich allerdings ziemlich stark aus, sodass ich sie im Herbst reduziere.

Polsterglöckchen

Die kleinen roten oder rosa **Polsternelken**, deren zierliche Blüten sich dicht aneinander drängen, die mehrjährig sein können, sowie das weiße **Steinkraut** *(Alyssium)* eignen sich zur Randbepflanzung. Das Steinkraut blüht den ganzen Sommer dicht bedeckt mit tausenden kleinen Blütensternen, die herrlich duften. Das Alyssium ist sehr gut für den Beetrand geeignet, es braucht nur wenig Wasser und ist sehr genügsam. Für

die halbschattigen Stellen pflanze ich gerne die Fleißigen Lieschen und ihre große Schwester, das **Edellieschen** *(Impatiens spec)*, eine sehr blühfreudige Pflanze, die den ganzen Sommer bis in den Herbst hinein mit ihren weißen, rosa, lila und roten Blüten den Sommergarten berei-

chert. Besonders hübsch sind die weißen oder rosa **Duftnelken** *(Dianthus)*, sie sind mehrjährig und duften bezaubernd.

Eine sehr hübsche zweijährige Blütenstaude ist die **Fexiernelke** oder Lichtnelke. Sie fügt sich in den Farben Dunkelpink und Weiß gut zwischen die Rosenstauden ein. Mit ihrem filzigen graugrünen Blatt und nelkenartigen einfachen

Blüten wirkt sie sehr dekorativ im Hintergrund. Da die Lichtnelke sehr stark aussamt, ist es ratsam, die Samenkapseln rechtzeitig zu entfernen. Eine geringe Nachkommenschaft ist gut, dann brauche ich sie nicht extra auszusäen.

Das **Hemdknöpfchen** oder Mutterkraut *(Chrysanthemum parthenium)* wächst krautig aufrecht und duftet nach Kamille. Die vielen weißen, kleinen, meist gefüllten Blüten sammeln sich an mehreren Stielen und eignen sich gut für kleine Gartensträußchen.

Der Küchengarten

Mein kleiner Küchengarten braucht auch des Öfteren seine Beachtung. Die Tomaten sind schon sehr gut angewachsen und stehen saftig im Kraut. Die Geiztriebe in den Blattachseln müssen immer wieder ausgezupft werden, sonst verschwenden die Tomatenstauden viel zu viel Energie mit dem Krautwachstum und die Blütenbildung fällt spärlicher aus. Diese Maßnahme ist hauptsächlich bei einer Topfpflanzung von Tomaten wichtig. Eigene Tomaten zu kultivieren macht mir Spaß, es ist sicher keine Ersparnis, aber die duftenden Früchte selbst zu ernten und zu genießen macht einfach Freude.

Die Rosen in meinem Garten

Mein Garten beherbergt an die achtzig Rosen, eine ganze Menge für eine bepflanzte Beetfläche von nur 140 m². Durch gezieltes Gruppieren und ein dekoratives Auge habe ich mit vielen

Gertrude Jeckyll

Begleitpflanzen und Blühstauden den Garten so gestaltet, dass er nicht überladen wirkt. Das wäre auch nicht meine Absicht, denn jede Pflanze braucht genügend Licht und Platz, um sich zu entfalten.

Ich möchte nun die mir am wichtigsten und schönsten Rosen meines Gartens vorstellen und beginne mit der Rabatte auf der Südseite, in der hauptsächlich Rosen in verschiedenen Rosatönen blühen.

Die früh blühende Rose **Gertrude Jeckyll** steht nun den dritten Rosensommer im Beet und bereitet mir eine besondere Freude. Diese englische Rose (Züchter David Austin 1988) wird etwa 1,20 m hoch, hat ein gesundes mittelgrünes Blatt, ist gut winterhart, resistent gegen Pilzerkrankungen und

Augusta Luise

kräftig im Wuchs. Ich liebe besonders ihren herrlichen Duft, den die pinkrosa gefüllten Blüten im Garten verbreiten.

Augusta Luise

Im selben Beet neben der Rose Gertrude Jeckyll steht die Rose **Augusta Luise**. Eine prachtvolle Rose mit kräftigem Austrieb, deren stark duftende Blüten so groß wie ein Handteller werden. Die rosa bis apricotfarbene Nostalgie-Edelrose zählt in meinem Garten zu den schönsten ihrer Art. Eine Züchtung von Rosen Tantau 1999, die bis zu 1,20 m hoch wird.

Als farblicher Übergang zur nächsten Rose fügt sich die Jakobsleiter recht zierlich und formschön ein. Ich habe sie in Weiß und Hellblau zwischen die Rosenstauden gepflanzt. Der Name **Jakobsleiter** oder Himmelsleiter *(Polemonium caeruleum)*

Jakobsleiter

leitet sich von den ungleich verlaufenden zarten Blättern ab. Die Staude vermehrt sich durch Samen und ist zuverlässig winterhart.

Als Beetabschluss dieser Gruppe steht die Bodendeckerrose Knirps. Daneben erblühen bald ein Lavendelbusch und das mehrjährige Schleierkraut. Eine hübsche Gruppe, wie ich finde, die im Hintergrund von den hohen, gefüllten Pfingstrosen in Rosa und Weiß überragt wird.

Ich habe eine gute Nachricht für alle Rosenfreunde: Bis jetzt galt die Regel, dass am selben Platz, an der eine Rose stand, kein anderer Rosenstock gepflanzt werden darf. Die Begründung, dass die alte Rose an ihrem Standort alle positiven Bodenstoffe aufgebraucht hat und für die neue Rose nur noch

negative Bodenstoffe zur Verfügung stünden, galt als sehr einleuchtend und wurde von mir bis jetzt auch sehr genau befolgt.

Nun wurde der Mykorrhiza-Pilz, den es seit Jahrmillionen gibt, neu entdeckt und wird immer mehr im Pflanzenbau verwendet. So ist es jetzt möglich, Rosen an dieselbe Stelle zu pflanzen, an der zuvor schon eine Rosenstaude stand.

Späte Pfingstrose

Was ist ein Mykorrhiza-Pilz?

Durch einen Zufall habe ich erfahren, dass Rosengärtner die verbrauchten und lebenswichtigen Stoffe im Boden durch Beimengung eines Pilzes in das Pflanzloch geben und dadurch der neuen Rose ein sicheres Anwurzeln ermöglichen. Es handelt sich um den Mykorrhiza-Pilz, einen Bodenpilz, der den Wurzelraum z.B. von Rosen besiedelt, wodurch es zu einem Stoffaustausch kommt. Er liefert den Pflanzen Nährsalze und Wasser. Seinerseits erhält dieser einen Teil der durch die Photosynthese der grünen Pflanzen erzeugten Stoffwechselprodukte. Als Mykorrhiza bezeichnet man eine Form der Symbiose, bei denen ein Pilz mit dem Wurzelsystem einer Pflanze eine Symbiose eingeht. Mykorrhiza-Pilze bewirken durch eine vermehrte Wurzelbildung ein schnelles Anwachsen der Pflanze und ermöglichen dadurch eine optimale Aufnahme von allen wichtigen Mineralien und Nährstoffen im Boden. Mit diesem Pilz ist es möglich, eine alte und kranke Rose durch eine neue am selben Standort zu ersetzen. Das Umsetzen von älteren Rosen ist nun mit dem Mykorrhiza-Pilz leichter möglich.

David Austin bietet einen neuen Dünger an, der einen größeren Anteil an Mykorrhiza-Pilzen enthält, zusätzlich natürliche Bakterienkulturen sowie eine ausgewogene Mischung an Biostimulantien. Eine 90-Gramm-Packung reicht für 3 Rosen zur Neupflanzung aus. Nach dem Ausgraben der alten Rose wird der Dünger in das Pflanzloch gestreut. In der Vegetationszeit der Rosen (Frühling, Sommer) kann die neue Rose sofort gepflanzt werden, weil durch die Wärme der Erde der Pilz schneller seine Tätigkeit aufnimmt.

Bei kühleren Temperaturen im Herbst ist es ratsam, nach einem leichten Erdaushub den Mykorrhiza-Pilz in das Pflanzloch zu geben und erst nach 14 Tagen die neue Rose zu pflanzen. Das soll ein gutes Anwachsen der Rose versprechen. Wenn eine Rose beschließt, nicht weiter wachsen zu wollen, sondern langsam verkümmert und sich verabschiedet, kann ich in Zukunft meine Rosen bei Bedarf sofort erneuern.

In einer weiteren, sehr harmonischen Gruppierung in der südlichen Ecke des Gartens blüht der Rittersporn, begleitet von Fingerhut, Fexiernelke und natürlich Rosen.

Ein **Rittersporn** *(Delphinum)* wertet jedes Rosenbeet auf, er ist der Kavalier der Rosen. Seine langen eleganten Blütenrispen bilden eine dritte Dimension im Staudenbeet. Die wunderschönen dunkellila bis hellblauen Rispen, versetzt mit weißen oder schwarzen Sternen in den spornförmigen Blüten, empfinde ich als ein besonderes Kunstwerk der Natur. Leider habe ich wenig Erfolg mit Rittersporn in Rosa und Weiß. Das sind tolle Farben, aber die hochgezüchteten Hybriden blühen in meinem Garten nur zwei Jahre. Das ist nicht weiter schlimm, denn das passende Rosa bringt die Rose **Bonica**.

Das zarte Rosa dieser überaus unkomplizierten und uneitlen Rose passt sich wunderbar dem stolzen Rittersporn an.

Rose Bonica

Die **Floribunda-rose** ist eine Kreuzung aus großblumigen Polyantharosen und Teehybriden. Sie blüht den ganzen Sommer bis zum November. Im Herbst trägt sie auch Hagebutten, falls ich sie nicht aus Platzgründen im Spätsommer in Form schneiden muss. Wenn man sie wachsen lässt, kann sie bis zu zwei Meter hoch werden. In meinem Garten muss sich die Bonica eben dem Platzangebot fügen.

sind. Die Rose wird auf jeden Fall durch ihren Blütenreichtum ihrem Namen gerecht.

Dazwischen drängen sich Clematis in Hellblau und Dunkellila, die aber erst im Juli blühen.

Rittersporn

Im Hintergrund dieser Gruppe klettert die dunkelrote **Sympathie-Rose** am Gartenzaun empor, eine Kletterrose besonderer Art. Die dunkelroten langstieligen, samtigen Blüten verströmen einen herrlichen Wildrosenduft. Durch ihren vitalen Wuchs und ihre Blütenfülle eignet sie sich sehr gut für Pergolen und Rosenbögen. Die Sympathie ist eine der wenigen Kletterrosen, deren einzelne Blütenstiele sehr gut für den Vasenschnitt geeignet

Kletterrose Sympathie

Wenn die Blumenbeete voll besetzt sind, dann weiche ich in die dritte Dimension aus, zu den Stammrosen. Die Stammrose **Diamant**, eine Rose aus der Rigo-Rosengruppe ist eine echte Bereicherung in meinem Garten. Sie ist robust und sehr gut winterhart, hat dunkelgrünes glänzendes Laub und unzählige zierliche, halbgefüllte kleine Blüten. Die Knospen sind mit einem Rosastreif versehen und erfreuen mich so schon vor ihrem Aufblühen. Eingerahmt vom stattlichen dunkellila Rittersporn und einer sehr alten Jackmanii-Clematis mit nur vier Blütenblättern und der Clematis **Blue River**, ist diese Gartenecke eine echte Augenweide.

Clematis Blue River

Ein lästiger **Rosenschädling** ist die **Rosenblattrollwespe**. Man erkennt sie ganz leicht, denn die zusammengerollten Rosenblätter sind nicht zu übersehen. Die Wespe rollt die jungen, weichen Blätter zusammen und legt ihre Eier hinein. Wenn ich die-

Clematis Jackmanii

se Röllchen am Rosenstrauch sehe, knipse ich die einzelnen Blätter ab und entsorge sie, denn das ist die beste Möglichkeit diesen Schädling zu reduzieren. Ich begutachte jeden Tag meine Rosen, um sofort die ersten Schädlinge zu entdecken und sie zu beseitigen. Es sind nicht immer alle Rosen befallen, oft auch nur ein Stock, darum ist es mir wichtig, möglichst schnell dem Unhold das Handwerk zu legen. Das Gelege entwickelt sich im Blatt, das vertrocknet und zu Boden fällt. In der Erde findet der Schädling die besten Bedingungen, um sich zu einem neuen Insekt zu entwickeln. Das **Blattstärkungsmittel Biblantol** stärkt die jungen Rosenblätter in ihrer Struktur und dem Schädling fällt es somit schwerer, sich einzurollen.

Stammrose Diamant

Eine außergewöhnliche Farbe im Rosenbeet bringt die Rose **Rhapsody in Blue**. Die flieder- bis lilafarbene ungefüllte Rose mit hellen Staubgefäßen erfüllt mit ihrem angenehmen Duft den Garten. Sie ist etwas

Rhapsody in Blue

heikel in der Pflege und braucht einen guten Winterschutz.

Die ungefüllten Rosenblüten werden von Hummeln, Bienen und anderen Insekten sehr gerne besucht.

Begleitstauden in der sommerlichen Rosen- und Blumenrabatte

Eine Vielzahl von herrlichen Blütenstauden ergänzt und lockert das Rosenbeet auf. Ein unbedingtes Muss zu den Rosen ist

Frauenmantel

der Frauenmantel *(Alchemilla)*, ein Mitglied der Rosengewächse *(Rosaceae)*. Die Wildpflanze wird als ein sehr bekanntes Heilkraut verwendet. Der Frauenmantel blüht jetzt in seiner ganzen Schönheit, üppig wie eine gelbgrüne Wolke und doch sehr zart. An den gewellten Blättern setzt sich der Tau wie Perlen nieder. Ich habe den Frauenmantel sehr gerne, denn er verleiht dem Garten eine besondere Frische.

Meine gute alte Bodendeckerrose **The Fairy** bildet den Übergang zum gelben Rosenbeet. Es sind zwei Rosenstöcke, die wie ein großer Busch wirken, denn ich habe sie an einem Solitairgestell in die Höhe gezogen. Die anfangs schalenförmigen rosa Blüten wiegen sich in dichten Büscheln am leicht überhängenden Zweig.

Im Hintergrund begrenzt die pflegeleichte und dauerblühende Rose das Beet. Sie dient mir als Sichtschutz zum Gartenhäuschen vom Nachbarn.

The Fairy

Im sommerlichen Garten ist der **Lavendel** nicht wegzudenken. Er ist der wichtigste Begleiter zu Füßen der höheren Rosen als Bodendecker, alleine schon wegen seines himmlischen Duftes.

Der echte Lavendel *(Lavandula angustifolia, Lavandula officinalis, Lavandula vera)* ist eine Pflanzenart der Lippenblütler und wird besonders von Schmetterlingen, Bienen und Hummeln sehr gerne aufgesucht.

Das schöne Lavendelblau passt sich an alle Farben der Rosen wunderbar an und

bringt eine leichte „Abkühlung" ins Sommerbeet. Lavendel wird hauptsächlich zur Gewinnung von Duftstoffen, aber auch in den Gärten als Zierpflanze verwendet. Der Duft von Lavendel und Rosen ist der unvergleichliche Duft des Sommers, denn er blüht bis weit in den August hinein.

Der Schmetterling

Sie war ein Blümlein hübsch und fein,
hell aufgeblüht im Sonnenschein.
Er war ein junger Schmetterling,
der selig an der Blume hing.

Oft kam ein Bienlein mit Gebrumm
und nascht und säuselt da herum.
Oft kroch ein Käfer kribbelkrab
am hübschen Blümlein auf und ab.

Ach Gott, wie das dem Schmetterling
so schmerzlich durch die Seele ging.
Doch was am meisten ihn entsetzt,
das Allerschlimmste kam zuletzt,
ein alter Esel fraß die ganze
von ihm so heiß geliebte Pflanze.

Wilhelm Busch

Ein bisschen Kitsch darf auch sein. Diesen Elfenkopf habe ich geschenkt bekommen und finde ihn sehr liebenswert inmitten des zart blühenden Rittersporns. Der Einjährige erfreut mich jedes Jahr. Ich sammle die Samen rechtzeitig ab und streue sie an den passenden Stellen aus, denn ein Umsetzen der gekeimten Pflänzchen ist nur schwer möglich. In seiner Zartheit fügt er sich zierlich zwischen die Rose **Snow Ballett** und den Lavendel ein.

Was bedeutet die Bezeichnung ADR-Rose? Sie steht für **Anerkannte Deutsche Rose (ADR)** und ist das Ergebnis der Allgemeinen Deutschen Rosenprüfung, die als die härteste Prüfung der Welt für Rosenneuheiten gilt. In 11 Prüfgärten testen unabhängige Gärtner drei Jahre lang die Neuheiten ohne Einsatz von Pflanzenschutzmittel und Winterschutz. Es werden Eigenschaften wie Winterhärte, Reichblütigkeit, Wirkung der Blüte und Duft oder Wuchsform bewertet.

Die Märchenrose Gebrüder Grimm

Die Rose **Gebrüder Grimm** hat das Prädikat ADR. In dieser Rose liegt wirklich etwas Märchenhaftes verborgen. Der kräftige Rosenbusch in meinem Garten hat eine stattliche Höhe von 120 cm und eine Breite von 130 cm erreicht. Sie zeigt einen rötlichen Austrieb, dunkelgrüne glänzende Blätter und eine zauberhafte nostalgische Blütenform mit einem zarten Duft. In der halbgeöffneten Knospe leuchtet sie gelb-orange, öffnet sie sich dann ganz, geht sie ins Pinkrosa über. Die Gebrüder Grimm hat bei internationalen Rosenwettbewerben die Gold- und Silbermedaille erhalten. Ich kann diese Rose guten Gewissens in jeden Garten

empfehlen, sie ist wirklich problemlos in der Pflege und kann auch sehr gut solitär stehen.

Bei so vielen Rosenschönheiten kommt leicht der Gedanke auf, es könnte doch noch die eine oder andere Rose im Garten einen Platz finden. Mir geht es immer dann so, wenn ich in schönen Gartenausstellungen zu Besuch und eine große Auswahl von Rosen zu sehen war. Mit den **Container-Rosen**, die in guten Baumschulen erhältlich sind, ist dieser Wunsch leicht erfüllbar. Das Pflanzen von Rosen auf einen Altbestand ist, wie wir wissen, dank des Mykorrhiza-Pilzes kein Problem mehr. Natürlich konnte ich nicht widerstehen und habe im letzten Sommer einige besonders schöne Rosen neu erworben.

Strauchrose Gebrüder Grimm

Clematis Madame le Coultre

Eine weitere Weggefährtin der Rosen ist die **Clematis**, die in keinem Garten fehlen sollte. Sie ist eine zierliche und sehr attraktive Kletterin im Rosengarten. Die Clematis **Madame le Coultre** zählt in meinem Garten zu den schönsten. Die besonders attraktive reinweiße Blüte, die in einem reichlichen Flor erscheint, setzt einen markanten Blickpunkt zwischen zwei sehr dominanten Rosen, nämlich der Gebrüder Grimm und der hohen Buschrose Westerland. Ein echtes Juwel im Garten.

Die Waldrebe *(Clematis)* gehört in die Familie der Hahnenfußgewächse *(Ranunculaceae)*. Sie kommt in den gemäßigten Klimazonen wie Asien, Amerika und Europa vor. Ihre dünnen rankenden Zweige und die lockere Belaubung ermöglichen eine gute und beliebte Gesellschaft mit der Rose. Die Clematis hat erst im dritten Jahr ihr volles Wachstum erreicht, daher braucht man auch ein wenig Geduld. Sollten die Blätter und Knospen schlaff herunterhängen, ist bestimmt die Clematis-Welke schuld. Der Pilz setzt sich bis in die Spitze des Triebes fort und bringt ihn zum Absterben. Keine Panik, einfach den beschädigten Trieb herausschneiden und zwar bis zur Erde hinunter. Sollte eine ganze Pflanze davon betroffen sein, nicht traurig werden, nach einem radikalen Rückschnitt treibt sie bestimmt wieder aus, auch wenn es erst im nächsten Jahr so weit ist. Ich kenne das Problem sehr gut, darum gebe ich einer Clematis drei Jahre Zeit zur Entwicklung. Sollte sie es in dieser Zeit nicht schaffen, sich in meinem Garten einzuleben, dann muss ich mich von ihr trennen.

Hagley Hybrid

Die Clematis mag keine direkte Sonnenbestrahlung auf die Wurzeln. Eine Beschattung durch eine niedrige Blütenstaude oder Blattpflanze, die natürlich farblich abgestimmt sein soll, schafft Abhilfe. Sie soll nicht zu trocken stehen, besonders zu Beginn der Wachstums- und Blütezeit, aber nasse Füße mag sie gar nicht. Treffen Clematis und Rose im passenden Farbbild aufeinander, so ist dieses Zweigespann eine herrliche Bereicherung des Gartens. Es gibt unzählige Züchtungen mit bizarren Blütenformen und Farben. Meine Erfahrung hat gezeigt, dass die einfacheren, ungefüllten Sorten wesentlich leichter anwachsen und unempfindlicher sind.

Pink Lady

Ein sehr schönes Hellblau mit leichtem lila Schimmer hat die Clematis **Justa**, die schon einige Jahre im Garten steht. Die Blüten erreichen einen Durchmesser von 8 – 12 cm und werden durch die hellen Staubgefäße anmutig verziert.

Empfehlenswert ist die dunkelblaue Clematis **The President**, eine sehr bewährte großblütige Sorte, die den ganzen Sommer immer wieder blüht.

Als Neuerwerb vom letzten Jahr ist die Kletterrose **Laguna** auf der Südseite in den Garten eingezogen und wird nun von dieser wunderschönen Clematis Justa umwunden. Ich freue mich auf dieses neue Farbenspiel von kräftigem Pink und dem einmaligen Blau an dieser Stelle, womit gleichzeitig unsere Rosenlaube begrenzt wird. Diese Kletterrose ist ausgestattet mit nostalgischen großen Blüten, die stark gefüllt sind und einen intensiven Duft aus frischer Zitrone und Lemongras verbreiten. Sie lädt zum Verweilen besonders in den Abendstunden ein.

Clematis The President

Clematis Justa

Kletterrose Laguna

Um die Rosen noch zusätzlich zu stärken und vor Läusen zu schützen, setze ich eine **Brennnesselbrühe oder Jauche** an. Die Jauche riecht etwas unangenehm, hat aber ihre Wirkung. Ich nehme 150 g getrocknete Brennnessel, verrühre sie mit 10 Liter Wasser und lasse die Jauche so lange stehen, bis sie nicht mehr schäumt. Tägliches Umrühren ist notwendig. Will man Brennnesselbrühe erzeugen, denselben Vorgang nach 24 Stunden abbrechen und im Verhältnis 1:10 mit Wasser verdünnt auftragen. Die Brühe wirkt bei Läusebefall und die Jauche stärkt die Pflanze zusätzlich gegen Pilzkrankheiten. Ein preisgünstiger und wirkungsvoller biologischer Pflanzenschutz.

Gegen Läuse verwende ich aber auch das homöopathische Mittel Biplantol Contra X2 in der Sprühflasche. Es riecht gut und ist angenehm aufzusprühen, aber den Läusen vergeht der Appetit auf die zarten Rosenknospen.

Beetrose Elbflorenz

Oh, wer um alle Rosen wüsste,
die ringsum in stillen Gärten stehn.
Oh, wer um alle wüsste, müsste
wie im Rausch durchs Leben gehen.

Christian Morgenstern

Die weißen Rosen, die Eleganten

Als Buschrose, Bodendeckerrose oder Hochstammrose verleihen die weißen Rosen meinem Garten einen besonderen

Snow Ballet

Charme. Die kleine **Snow Ballet** ist eine dauerblühende Bodendeckerrose mit kleinen, reinweiß gefüllten Blüten und dunkelgrünem gesunden Laub. Sie schmiegt sich schön an den Beetrand an und schließt somit die Rabatte dekorativ ab.

Eine von mir sehr geliebte Rose ist das **Schneewittchen**. Ihre reinweiße, leicht gefüllte Blüte erinnert an die zarte und schöne Märchenfigur, der liebliche Duft tut sein Übriges.

Leider habe ich wenig Glück mit dieser Rose. Viele Versuche, einen schönen Rosenbusch heranwachsen zu lassen, sind mir nicht geglückt. Die alten Züchtungen waren noch sehr robust und winterhart, was man von den neuen Sorten dieser Art nicht sagen kann. Mein jetziges Schneewittchen blüht nun den zweiten Sommer und hat sich sehr schön entwickelt. Es blüht in Büscheln durchgehend bis in den Herbst. Ich hoffe, dass mein Schneewittchen seinem Namen Ehre macht und sich weiterhin von der stabilen Seite zeigt.

Eine ganz besonders geliebte weiße Rose ist die **Winchester Cathedral**, die zarten weißen, ziemlich frühen Blüten verbreiten einen leichten Duft. Sie legt kaum eine Blühpause ein und schmiegt sich bescheiden an die Rhapsodie in Blue an.

Winchester Cathedral

Die weißen Rosen eignen sich besonders gut, ein Rosenbeet aufzulockern. Da steht im Vordergrund des Beetes die Strauchrose **Artemis**, kräftig und dunkelgrün im Blatt, mit schalenförmigen, cremeweißen Blütenbüscheln – eine weitere pflegeleichte, wohlduftende und dekorative Rose. Sie bringt einen Ruhepunkt und schafft einen sanften Ausgleich im gelben Rosenbeet.

Dieser weißen Rosengruppe schließt sich auch die Stammrose **Diamant** an, die ich schon ausführlich beschrieben habe.

Artemis

Ein Kuriosum:
Zur Sonnenwende feierten mein Mann und ich den 45. Hochzeitstag. Da an einer Stelle im Beet noch Platz für eine Stammrose war, schenkte mir mein Mann zu diesem Festtag ein weißes Rosenbäumchen. In der Rosenschule suchten wir uns eines aus, das laut Etikett folgende Eigenschaften besitzt:
Die gefüllten, großen Blüten sind cremefarbig, die Staude wird breitbuschig, ist reich blühend und gut winterhart. Sie bekam 1970 das Prädikat ADR, eine richtige Sorte für meinen Garten. Die Rose hat den Namen **Edelweiß**, ein etwas ungewohnter Name für eine Rose, wie ich fand.

Gratulanten zu unserem Hochzeitstag haben das Geheimnis gelüftet: Im süddeutschen Raum wird statt der Messinghochzeit auch der Name Edelweißhochzeit verwendet. Unbewusst das richtige Geschenk zum richtigen Fest! Die Freude war groß und wir werden uns immer daran erinnern.

Rose Edelweiß

Die **Uetersener Klosterrose** ist eine sehr langsam wachsende, cremefarbene Kletterrose; die aufrecht stehenden Blütenbüschel mit zartem Duft schmiegen sich elegant an den dunklen Hintergrund des Gartenzauns. Ihr Name ehrt die Zisterzienserinnen, die Mitbegründerinnen des Uetersener Klosters. Die Kletterrose kann bis zu 3 m hoch werden, gilt als pflegeleicht und zuverlässig winterhart (bis -23 °C). Ihr zarter Duft erinnert an eine Wildrose.

Uetersener Klosterrose

Der Garten ist der letzte Luxus unserer Tage,
denn er fordert das,
was in unserer Gesellschaft am kostbarsten geworden ist:
Zeit, Zuwendung und Raum.

Adnan Sakman

Die gelbe Rosenecke

Die gelben und orangen Rosen stehen wie kleine Sonnen im Rosenbeet und hellen dadurch so manche dunklere Ecke auf. Einige Favoriten, die einen besonderen Duft verbreiten, möchte ich beschreiben.

Als erste Rose in diesem Beet steht die Kletterrose **Parure d'or**. Diese unglaublich schöne Rose ist eine der ersten, die im Juni ihre Blüten entfaltet.

Die Parure d'or mit ihren kräftigen aufrecht wachsenden Trieben wird bis zu 3 m hoch. Die wenigen, großen, goldgelben Blütenblätter enden in einem karminroten Rand. Ihr herrlich frischer Duft erinnert an Zitronengras und Rose. Diese prächtige Kletterrose ist ein wahres Juwel in meinem Garten, sie liebt die Sonne und ziert ostseitig die Wand der Nachbarsgarage mit ihrem üppigen und gesunden Wuchs.

Kletterrose Parure d'or

Eine kleine Geschichte dazu: Im sehr kalten Winter 2012 mit strengem Frost ist diese Rose bis zum Boden zurückgefroren. Ich war sehr traurig darüber und hatte schon überlegt, einen Ersatz zu pflanzen. Doch eines Tages bemerkte ich einen neuen Austrieb, der schnell an Höhe gewann und in demselben Sommer wieder blühte. Ich war überglücklich, dass sie mich nicht verlassen hat. Mein Garten sagt mir wiederum, dass Geduld und Abwarten sich lohnen. Sie hat sich inzwischen zu einem majestätischen Strauch entwickelt. Einen Nachteil hat sie: Die Rose bewaffnet sich mit vielen großen Stacheln. Bei der Gartenarbeit muss ich in ihrer Nähe sehr vorsichtig sein. Fazit: schön und stolz, aber gefährlich.

Die Stammrose **Ghislain de Feligonde** ist eine Besonderheit im gelben Rosenbeet. Sie ist auf einen Hochstamm von 1,40 m veredelt, so können ihre weit ausladenden Blütenzweige mit den üppigen Blütenbüscheln sich herrlich im Wind bewegen. Die Rambler-Rose wurde vom französischen Züchter Turbat aus der Multiflora-Rambler-Rose Goldfinch x Sämling gezüchtet und 1916 in Paris ausgestellt.

Diese besondere Rose wurde nach einer Frau benannt, die ihren Mann rettete, als er im Ersten Weltkrieg zwischen den feindlichen Linien lag.

Ghislain de Feligonde

Im Herbst entwickelt sie intensivere gelbliche Blüten auf rötlichen Knospenstielen.

Als Kletterrose erreicht sie eine Höhe von 3 – 4 Metern, als Strauch wird sie etwa 2 Meter hoch. Die kleinen, moschusartig duftenden Blüten erscheinen in Büscheln in einem lachsrosa bis gelben Pastellton. Bei viel Sonnenschein und Hitze verblassen die Blüten leicht, aber im September bleibt die Farbe kräftig und wirkt mit

Della Balfour

den rötlichen Blütenstängeln besonders hübsch. Das gesunde hellgrüne Blatt behält die Ghislain de Feligonde teilweise bis in den Winter, dem sie bis zu -20 °C trotzt.

Eine sehr edle Rose ist die **Della Balfour**. Die Blütenform, fast einer Teerose ähnlich, zeigt sich in einem Orange-Terrakotta-

Apricot-Ton. Die Farbe, der zarte Rosenduft und das dunkelgrüne, glänzende Laub zeichnen diese Rose besonders aus. Sie wird bis zu 3 m hoch und gilt als Climber-Rose, die gut winterhart ist. Die kräftigen Blütenstiele eignen sich gut für den Vasenschnitt.

Eine meiner Lieblingsrosen ist die **Graham Thomas**. Die englische Rose wurde vom Gartenfachmann Graham Thomas

Graham Thomas

1983 wieder eingeführt. Dieser Mann trug maßgeblich dazu bei, die alten englischen Rosensorten bei uns wieder populär zu machen. Ihre schalenförmigen, dicht gefüllten Blüten entwickeln einen herrlich frischen Duft. Im Sonnenlicht geht die Farbe ins reine Zitronengelb und die Blüte verblasst im Abblühen ins Cremegelb. Die Rosenstaude entwickelt sich mächtig bis zu einer Höhe von 3,5 m und steht aufrecht im Hintergrund. Ein Prachtexemplar.

Den Abschluss des gelben Rosenbeetes macht die kleine Strauchrose **Frühlingsgold**. Die allerliebste, duftende Rose **Pimpinellifolia** mit einem Kranz von dunklen Staubgefäßen und sehr wenigen Pedalen ist

Frühlingsgold

bei den Insekten sehr beliebt. Je weniger Blütenblätter eine Rose hat, umso mehr können sich Bienen, Hummeln und der Rosenkäfer an ihrem Nektar erfreuen.

Der **Rosenkäfer** zum Beispiel, mein besonders gern gesehener „Gartenfreund", fühlt sich in diesen Rosen sehr wohl. Er stellt für die Rosen keine Gefahr dar, denn er nippt nur an den Köstlichkeiten, die eine Rose zu bieten hat. Hin und wieder knabbert er auch ein Rosenblatt an, was nicht weiter schlimm ist.

Dieser wunderschöne Käfer mit seinen goldgrün irisierenden Flügeln hat für mich etwas Märchenhaftes an sich und erinnert mich sehr an meine Kindheit.

Eine herrlich duftende Strauchrose ist die Rose **Westerland**. Die locker gewellten, nur halbgefüllten großen Blüten leuchten in einem Kupferorange und werden von stabilen Trieben, die eine Höhe bis zu 2,5 m erreichen können, getragen. Das sehr gesunde Laub, welches einen rötlichen Austrieb hat, lässt schon im Knospenstadium auf eine Prachtrose schließen.

Westerland

Die einzige Rambler-Rose im kleinen Garten

Die Rambler-Rose **Veilchenblau** ist ziemlich neu im Garten, hat sich gut entwickelt und reicht dieses Jahr bestimmt schon bis zum Balkon hinauf. Vor drei Jahren habe ich sie als kleine Containerrose gekauft. Diese Rambler-Rose wurde von dem Rosenzüchter Hermann Kiese gezüchtet und 1909 von J. Christoph Schmidt eingeführt. Der Sortenname bezieht sich auf die

violette bis lavendelblaue, wenig gefüllte, bis zu 3,5 cm kleine Blüte, deren Mitte ein helles Auge hat und deren Blütenbüschel 10 bis 30 Blüten tragen. Diese hohe Anzahl von Blüten trägt sie bestimmt erst dann, wenn der Stock einige Jahre alt ist. Die sichtbaren Staubgefäße bieten den Insekten ein reichliches Nahrungsangebot.

Die Farbe verblasst etwas, besonders bei Hitze, dafür blüht sie lange, wenn auch nur einmal im Jahr. Sie ist sehr gut winterhart, trägt nur wenige Stacheln und bekommt im Herbst kleine orangefarbene Hagebutten. Die abgeblühten Büschel sollen daher nicht entfernt werden, denn der herbstliche Hagebuttenschmuck ist so etwas wie eine „zweite Blüte".

Die Rambler-Rose wird nicht zurückgeschnitten, denn die Triebe, die in diesem Jahr wachsen, sind die neuen Blütenträger für den nächsten Sommer. Die Rose erreicht eine Höhe bis zu 5 m und wird nur dann zugeschnitten, wenn ihr Volumen zu dicht wird. Die Rose Veilchenblau wächst schnell, gedeiht auch im Halbschatten und ich finde sie besonders reizvoll, denn der zarte Duft, der von den vielen, vielen Blüten ausströmt, wirkt sehr geheimnisvoll. Ich denke da an das Märchen vom Dornröschen.

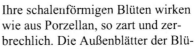

Ein echtes Prachtstück im Rosengarten ist die **Eden Rose**. Der französische Rosenzüchter Meilland hat die Rosensorte Pierre de Ronsard mit der Floribunda-Rose Kalinka gekreuzt und in Deutschland mit dem Namen **Eden Rose 85** eingeführt.

Ihre schalenförmigen Blüten wirken wie aus Porzellan, so zart und zerbrechlich. Die Außenblätter der Blüte sind zartseidenrosa, zur Blütenmitte hin wird sie dann kräftig rosa. Der Duft der Rose gleicht sich wohltuend dieser außergewöhnlich schönen Blüte an. Die Wuchsform zeigt sich kräftig aufrecht mit bogig überhängenden Blütenzweigen, die mit sattgrünem Blattwerk besetzt sind.

In meinem Garten erfreut sie mich an der Ostseite, direkt vorm Küchenfenster, so kann ich sie jeden Tag und in jeder Blühphase bewundern. Sie blüht sehr reich bis in den Herbst hinein. Eine kräftige Staude, die auch solitär stehen kann.

Der phänologische Kalender beschert uns schon im letzten Drittel des Junis den **Frühsommer.** So können schon sommerliche Gefühle aufkommen.

Prominenter Name für so manche Rose

Rose **Mozart**

Rose Mozart

Sie ist dem berühmtesten Salzburger Komponisten seiner Zeit Wolfgang Amadeus Mozart gewidmet. Er lebte in der Zeit von 1756 – 1791 und war einer der einflussreichsten Komponisten, die damals gelebt haben. Mozart war der produktivste Komponist der Klassik.

Diese zierliche Rose wird breitbuschig und verzweigt sich stark. Die kleinen in Büscheln stehenden Blüten in kräftigem Rosa, mit hellem Auge, haben nur fünf Blütenblätter – wiederum eine „altmodische Rose". Meine Mozart steht am hinteren Rand des Biotops und wirkt mit ihren hunderten Blüten fast wie eine wilde Rosen-Art. Sie blüht beinahe ohne Pause bis September durchgehend. Die Rosenstaude wird etwa 1 m – 1,2 m hoch. Im Herbst trägt sie dann kleine Hagebutten und schmückt sich somit für den Winter.

Rose **Leonardo Da Vinci**

Leonardo Da Vinci (rosa)

Red Leonard Da Vinci

Benannt nach dem Genie Leonardo da Vinci. Dieser geniale Mann lebte von 1452 bis 1519. Er war Maler, Bildhauer, Baumeister, Naturforscher und Techniker. Die Leonardo da Vinci ist eine wunderschöne historische Beetrose mit dunkelgrünem, glänzendem Laub und unkompliziert in der Pflege. Die Blüten, die dicht gefüllt und groß sind, aber keinen Duft haben, erstrahlen in einem satten Rosa.

Eine Farbvariante ist die **Red Leonardo Da Vinci**, auch eine 3- bis 4-fach gefüllte Rose in einem sehr schönen dunklen Rot. Sie gedeiht eigentlich überall und stellt keine besonderen Ansprüche. Eine Gruppe von 3 – 5 Stauden ergibt einen attraktiven Rosenschmuck, außerdem blüht sie unermüdlich bis in den späten Herbst. Eine geeignete Rose für Gartenanfänger.

Rose **William Shakespeare 2000**

David Austin bezeichnet diese englische Rose als zweifellos die beste rote Rose, die er bisher gezüchtet hat. Die außergewöhnlichen Blüten im satten samtigen Purpurrot öffnen sich zu einer geviertelten Schale und haben den intensiven warmen Duft alter Rosen. Die Rose ist krankheitsresistent und gut winterhart, also hat alles, was man von einer Rose erwarten kann. Ich freue mich sehr über diese prominente Rose, so kann ich eine große Buchskugel, die der Buchspilz vernichtet hat, leicht verschmerzen. An dieser Stelle haben gleich drei Stauden dieser Prachtrose Platz gefunden.

Die William Shakespeare ist eine große Bereicherung an Duft und Farbe für meinen Garten. Der berühmte englische Dramatiker und Dichter (1564 – 1616) ist der Namensgeber dieser schönen Rose.

Rose **Maria Theresia**

Die große Österreicherin, Kaiserin und Mutter von 16 Kindern. Sie lebte von 1717 – 1780 und war die Begründerin des Hauses Habsburg-Lothringen. Wenn ich mir die Rosenblüte anschaue, dann kann ich mir sehr gut die vielen Schichten unter den Röcken der damaligen Mode vorstellen. Die vielen Blütenblätter, auch Pedale genannt, die in einer bestimmten Vierer-

Symmetrie angeordnet sind, lassen diese nostalgisch-romantische Rose in ihrem feinen Rosa sehr zierlich erscheinen. Außerdem geht von dieser Rose ein zarter, ja weiblicher Duft aus. Ich habe meine „Kaiserin" im Topf auf der Terrasse stehen, wofür sie gut geeignet ist.

Rose Maria Theresia

Ein herrlicher Monat geht zu Ende. Wir nehmen aber noch einige Rosen mit in den Juli.

Ein perfekter Sommertag ist,

Wenn die Sonne scheint,

Die Vögel zwitschern,

Ein laues Lüftchen weht,

Und – der Rasenmäher des Nachbarn defekt ist.

Peter Frankenfeld

Juli

der Hochsommermonat

Welche Gartenarbeiten im Juli auf mich warten

- Verblühte Rosen ausschneiden   S. 90
- Nochmalige Düngung der Rosen   S. 91
- Teichpflege   S. 92
- Regelmäßiges Gießen   S. 95
- Buchse schneiden   S. 103

Der phänologische Kalender beschert uns **42 Tage** oder **6 Wochen** lang den **Hochsommer**.

Auch im Juli ist der Garten nicht ganz ohne Rosenblüten

In meinem Garten blühen jetzt im Juli die Polyantharosen in voller Pracht. Wenn diese Rosen in einem Garten stehen, dann begleiten die Blüten den Gärtner einen ganzen Sommer lang.

Die Bodendeckerrose **Knirps** beherrscht zurzeit den Rand meiner Beete. Die kleinen dicht gefüllten Blüten in kräftigem Pink drängen sich in Büscheln der Sonne entgegen. Ich vergleiche die Rosenköpfchen

mit Zwergzinnien, die genauso schuppenförmig ihre Blütenblätter anordnen. Die sehr dankbaren Röslein blühen den ganzen Sommer unermüdlich bis in den Oktober hinein. Die Rose Knirps ist gut winterhart, braucht keinen Winterschutz und um sie in ihre Grenzen zu weisen, schneide ich sie im Frühling stark zurück. Nur so kann ein geschlossenes Blütenpolster entstehen.

Knirps

Das Bild zeigt einen Teilabschnitt aus dem Sommerbeet meines Gartens: Die Knirpsrose, als Übergang der Lavendel und der exakt gleichfarbige Phlox können in jedem noch so kleinen Garten untergebracht werden.

Eine andere, den ganzen Sommer durchgehend blühende Rose ist die Bodendeckerrose **The Fairy**.

The Fairy

gen. Die Elmshorn blüht bis zum Frost, der dann die Farbe erblassen lässt.

Diese Rose hat einen leichten Duft nach Apfel, leider eignet sie sich nicht für den Schnitt, sie verblüht in der Vase sehr schnell.

Die pflegeleichte, dicht rosettenförmige, in vielen Büscheln stehende kleine Rose eignet sich ebenso als blühender Beetabschluss. Im Juni beschrieb ich sie bereits ausführlich, aber jetzt kommt The Fairy besonders gut zur Geltung. Sie ist sehr gut winterhart, aber leider ohne Duft, so wie viele der alten Polyantha-Rosen.

Rose Elmshorn

Die dritte dieser Rosen-Art steht als hochgewachsene, moderne Strauchrose am Gartenzaun als Sichtschutz.
Die Strauchrose **Elmshorn** ist eine total unkomplizierte Rose, die sehr gesund an Blatt und Blüte ist. Sie wird bis fast 3 m hoch und ihre dunkelpinken, verzweigten Blütenbüschel hängen an den teilweise ausladenden Zweigen, die sich leicht im Wind bewe-

Auch wenn diese Rose durchgehend bis zum Herbst blüht, schneide ich die verwelkten Blütenrispen einmal aus, um die Neuaustriebe zu fördern. Diese Staudenpflege erledige ich aber erst im August.

Der erste große Rosenrausch ist fast vorbei und darum ist es jetzt an der Zeit, für die nächste Blüte zu sorgen. **Alle abgeblühten Rosen sollten sorgfältig ausgeschnitten werden.**

Das schafft Platz für die zweite Blüte. Gerade bei Floribunda-Rosen, die mehrere Blüten auf einem Zweig haben, ist diese Pflege notwendig. Nach starkem oder länger anhaltendem Regen kleben die Blüten aneinander und es kann sich sehr leicht Schimmel auf den Blütenbüscheln bilden, der die nachfolgenden Knospen schädigt. Einen sauberen Schnitt zu erzielen ist sehr wichtig, denn die Stiele dürfen nicht gequetscht oder ausgefranst werden. Diese „Wunden" machen die Rosen anfällig für Krankheiten und Pilzbefall.

Für das Ausschneiden der Rosen habe ich einen ganz besonderen Korb. Der "roses basket" wurde für mich als ein Geschenk extra in England angefertigt. Der Korb hat einen durchgehenden Stiel, der gleichzeitig als Henkel dient. Ich kann den Korbstiel in die Erde stecken, wo ich gerade die Blüten abschneiden möchte. Das ist sehr praktisch, so habe ich beide Hände frei für meine Arbeit. Es ist ratsam, gute Rosenhandschuhe zu tragen, die bis zum Ellenbogen reichen, um Verletzungen zu vermeiden. Ganz wichtig ist eine geeignete Schere. Ich verwende eine Rebenschere; mit der langen und schmalen Klinge kann ich

ganz leicht in den dichten Blütendolden das Schnittgut ausschneiden, ohne die anderen Blüten zu beschädigen.

Ich schneide die **Beetrosen** etwas zurück, sehr lange Triebe kürze ich so ein, dass der Rosenstrauch wieder eine schöne Form bekommt und sich gut in das Gesamtbild der Rabatte einfügt. Im Allgemeinen schneide ich die einzelnen Blüten oder Blütenbüschel um zwei Blattachseln zurück, damit wird der Neuaustrieb gefördert.

Den **Kletterrosen** nehme ich nur die abgeblühten Stiele weg, das Längenwachstum soll jetzt nicht unterbrochen werden. Ich möchte ja, dass sie ihrem Namen gerecht werden und klettern.

Wie schon auf Seite 30 erwähnt, schneide ich die Rambler-Rose nicht zurück, denn sie bildet an den abgeblühten Fruchtständen für den Herbst die Hagebutten aus. Die langen Triebe, die jetzt im Sommer gebildet werden, sind die Blütenträger für das nächste Jahr. Rambler-Rosen blühen am zweijährigen Holz; nur wenn der Rosenbusch zu groß wird, können sie nach der Blüte etwas zurückgeschnitten werden.

Die **Stammrosen** entwickeln manchmal sehr lange Triebe, die nicht ins Bild passen. Ich schneide sie dann einfach so weit zurück, dass sie sich in die Blütenkuppel einfügen.

Für die **zweite Rosenblüte** ist eine **erneute Düngergabe** unbedingt notwendig. Hierfür verwende ich wieder nur meinen organischen Dünger. So ist uns eine weitere Rosenpracht ab August sicher. Späteres Düngen führt zu Neuaustrieben im Herbst, die nicht mehr ausreifen können und ganz bestimmt im Winter erfrieren.

Wenn auch zuletzt, so möchte ich doch noch ein Rosenbäumchen erwähnen, die Rose **Louis Odire**. Eine Strauchrose, die
sich gut für eine Veredelung auf einen Hochstamm eignet. Diese stark duftende historische Rose ist öfter blühend, sie ist eine
der ersten Rosen, die im Juni ihre dichtgefüllten großen Blüten
öffnet. Ende Juli hat sie schon wieder dicke Knospen gebildet
und wird mich bald erneut mit ihrem Duft und den rosaroten
Blüten erfreuen.

Die Louis Odire ist gut winterhart, nur bei zu starkem Frost ist
es ratsam, ihr einen Vliesschutz zu geben.

Stammrose Louis Odire

Ein Naturbiotop im eigenen Garten

Ein kleines Biotop bringt viel Effekt und Nutzen den unzähligen Insekten, die Tag für Tag herumschwirren und die Wasser-
stelle schätzen. Vor allem auch für die Singvögel, die Sommer
und Winter hier ihre Tränke und Bademöglichkeit vorfinden, ist
es wertvoll, solch ein Biotop im Garten zu schaffen. Viele kleine Fische können sich im klaren Wasser tummeln. Meine Stich-
linge leben in mehreren Generationen im Biotop, sie werden
natürlich nicht gefüttert. Das Wasser würde sich durch die Fütterung mit zu vielen Nährstoffen anreichern. In der warmen
Jahreszeit könte der Teich umkippen, das Wasser würde
schäumen und übel riechen. Man soll auch Goldfische nicht
füttern, sie würden für diesen kleinen Lebensraum viel zu groß
und stürben dann meist im Winter.

Bei der Neuanlage eines Gartenteiches reicht eine Wartezeit von vier Wochen, um Fische einzusetzen. In dieser Zeit hat sich genügend natürliche Nahrung für die Fische gebildet. Mit einer Wasserumlaufpumpe wird zusätzlich das Teichwasser mit Sauerstoff angereichert. Der Stromverbrauch hierfür ist minimal. Die Lebewesen im Teich passen sich an die Größe ihres Lebensraumes an. Viele kleine Wasserschnecken filtern unaufhörlich das Wasser und ernähren sich ebenfalls von den Algen und abgestorbenen Pflanzenteilen.

Immer wieder kann ich ein Schauspiel erleben, das sich jeden Sommer wiederholt. Die groß gewordenen Libellenlarven klettern an einem grünen Pflanzenstiel hoch, plötzlich reißt der Panzer auf und eine Libelle schält sich aus der Larve. Sie breitet ihre silbrig glänzenden Flügel aus und lässt sie an der Sonne trocknen. Viele dieser prachtvollen Insekten schwirren bei warmem Sonnenschein an der Oberfläche des Wassers und suchen einen geeigneten Platz, wo sie ihr Gelege deponieren können. Auch Frösche und Erdkröten besuchen das Biotop regelmäßig im Frühling und legen im seichten Wasser ihren Laich ab.

Schön zu beobachten ist, wenn die Amseln fast täglich am Ufer oder auf einem Stein im Wasser ein Bad nehmen. Sie können gar nicht genug davon bekommen, mit den Flügeln heftig im Wasser zu spritzen. Wenn der Zaunkönig just am Wasserstrahl des kleinen Frosches trinkt, ist das besonders lustig.

Sehr hübsch sind die ganz kleinen weißen Seerosen, die nur etwa 5 cm im Durchmesser groß werden. Die Miniseerose *Nymphaea tetragona* ist die kleinste Seerose, die es gibt. Die Blätter bleiben klein und die Fruchtknoten verstreuen ihren Samen, sodass sich schon an einigen Stellen eine neue Miniseerose gebildet hat. Es gibt im Handel sauerstoffhaltige Teichpflanzen, die auch für die Wasserqualität sehr nützlich sind. Das Bepflanzen des Teiches sollte man aber mit Bedacht angehen und den starken Wuchs der Pflanzung berücksichtigen.

Mein Biotop befindet sich im Süden direkt am Gartenzaun, der teilweise mit Efeu bewachsen ist und dem Wasser etwas Schatten spendet. Der Teich hat eine Fläche von ca. 2,50 m x 5,00 m inklusive Kies- und Steinrand. Er integriert sich wunderbar in die Blumenrabatten und ist für mich ein wichtiger Bestandteil meines Gartens.

Bei sommerlichen Temperaturen ist eine **Algenbildung im Teich** unvermeidlich und absolut unschön. Ich habe

Nymphaea tetragona

ein Experiment gestartet, das diesem Übel ein Ende bereitet. Ich nahm ein Bündel Stroh, das ich in einen Nylonstrumpf stopfte, legte in die Mitte des Strumpfes einen Stein zur Beschwerung und versenkte dieses Bündel im Wasser. Die vorhandenen Algen fischte ich aber vorher heraus, um ein klares Wasser zu bekommen.

Für die Größe meines Biotops reichen ein bis zwei Bündel und die Wirkung hält mindestens 6 – 8 Wochen oder viel länger an.

Was bewirkt das Stroh im Wasser?

Das Stroh gibt Stoffe an das Wasser ab, die Keimung und Wachstum der Algen verhindern. Andere Teichpflanzen werden aber nicht in ihrem Wachstum gehindert. Wissenschaftlich ist noch nicht ganz geklärt, wie das Stroh auf die Algen wirkt. Vermutlich setzt es, wenn es dem Sonnenlicht und Sauerstoff ausgesetzt ist, einen oder mehrere Stoffe frei, die eine Algenbildung verhindern.

Ein Ärgernis bei meinem Teich war allerdings, dass langsam aber ständig Wasser auslief. Ich musste diese Stelle unbedingt finden. Die Wiese war in den Kiesbereich eingewachsen und hat besonders zur warmen Sommerzeit immer viel Wasser aus dem Teich aufgesaugt. Mit einem schmalen Natursteinmäuerchen versuchte ich dieses Problem zu lösen. Das war aber leider noch nicht erfolgreich, es ging immer noch Wasser verloren. Ich befürchtete, dass eine größere Teich-Reparatur notwendig sein würde. Nach längerem Suchen fand ich ganz versteckt in einer Falte der Folie einen Riss. Zum Glück war die Fehlerstelle nahe am Rand, so konnte ich nach Verringerung des Wasserspiegels mit viel Mühe und Plackerei die Folie hochziehen, musste aber notgedrungen den Teich minimal verkürzen. Die Folie konnte nicht mehr geklebt werden, denn sie ist schon an die 25 Jahre im Teich und verändert nach so langer Zeit ihre chemische Zusammensetzung.

Nach gelungener Reparatur sieht der Teich wieder sehr schön aus. Das Wasser hält und die Vögel freuen sich, dass sie wieder eine ungestörte Bademöglichkeit haben. So wichtig das Wasser für die Vögel und Insekten ist, so notwendig ist es auch für Rasen und Blumenbeete.

Im Hochsommer, wenn die Sonne am höchsten steht, ist **abendliches Gießen** unerlässlich. Wenn die Gluthitze sich langsam legt und ein kühles Lüftchen den Abend erfrischt, dann greife ich zu Gießkanne und Gartenschlauch, um meinen Blumen eine Erfrischung zu geben. Durch den im Boden der Beete verlegten Tropfschlauch erspare ich mir viel Zeit und habe daher nur den Küchengarten zu gießen. Für die kleine Wiese lege ich den Schlauch aus und bewässere mittels einer Spindel, die den Vorteil hat, dass ich die Gießfläche genau einstellen kann, um die Rosen zu umgehen. Die mögen nämlich kein Leitungswasser auf Blüten und Blättern, das ist zu kalkhaltig und für Rosen ungeeignet. Ohne Gießanlage werden Rosen- und Blumenstauden jeweils am Fuße gründlich gewässert, das genügt aber alle zwei bis drei Tage.

Kein Sommergarten ohne Phlox

*Ein Garten ohne Phlox
ist nicht nur ein großer Irrtum,
sondern eine Versündigung gegen den Sommer.*

*Das Leben ohne Phlox ist ein Irrtum, der Phlox ist das
eigentliche große Farbenspiel des Sommerglücks.*

Karl Forster

Der Meinung von Karl Forster stimme ich uneingeschränkt zu.

den September und ist zuverlässig winterhart.

Den hohen Phlox *(Phlox paniculata)* lieben alle Gärtner.

tierungen ist vertreten. Ich möchte diese Farbe auch gerne im Garten haben, sicher finde ich dafür noch ein Plätzchen.

Auch ich stimme ein Loblied auf den Phlox an, denn er ist trotz Hitze und Trockenheit eine herrliche Staude im Sommergarten, außerdem begleitet er uns mit seinen schönen Blütenfarben bis in

Diese altmodische Staude erlebt eine Renaissance mit Farbnuancen in Neuzüchtungen. Sogar das Blau in Schat-

Mein geerbter pinkfarbiger Phlox, wie er seit Urzeiten in den Bauerngärten zu finden ist, ist sicher über 60 Jahre alt. Er blüht besonders lange, wenn ich die ersten verblühten Dolden herausschneide. So setzt er ein neues Blütenbüschel an und verlängert die Blühzeit erheblich.

Alleine sein Duft bedeutet für mich, dass der Hochsommer über dem Garten steht. Die aufrecht stehenden Büsche in sattem Rosa, dunklem Violett, Weiß und Karminrot unterstreichen noch mehr die Sonnenglut. Nicht zu Unrecht wird der Phlox auch als Flammenblume bezeichnet. Die wunderbaren Farben der hohen Blütenstauden ziehen alle Blicke auf sich.

Auch im Halbschatten fühlt sich der Phlox wohl und bringt besonders vor immergrünen Gehölzen einen leuchtenden Farbfleck in den Vorgarten.

Das reine Weiß und die dunkellila Blütendolden schaffen den kühlenden Ausgleich im Sommergarten. Um die Blütenpracht vom Phlox möglichst lange zu erhalten, braucht er natürlich entsprechend viel Wasser.

Taubenschwänzchen

Ein hübsches Insekt schwirrt jetzt den ganzen Tag um die Blüten des Phloxes herum und versucht mit seinem langen Saugrüssel den Nektar aus den Blüten zu saugen. Das Taubenschwänzchen *(Macroglossum Stellatarum)*, auch Karpfenschwanz genannt, fliegt wie ein Minikolibri unermüdlich von einer Blüte zur anderen. Der bis zu 28 mm lange Rüssel trifft zielgenau in die Mitte der Blüte in ihren süßen Abgrund.

Es blüht noch mehr im Juli

Eine ganz andere Blume bereichert im Juli meinen Garten, die **Taglilie**. Die Taglilien sind ausdauernde Stauden, horstig im Wuchs und sehr pflegeleicht.

Der Name Taglilie *(Hemerocallis)* ergibt sich aus der Tatsache, dass jede Blüte nur einen Tag lang blüht. Er kommt aus den griechischen Wörtern *hemera* = Tag und *kallos* = Schönheit.

Diese Bezeichnung hat ihre Berechtigung, denn die Taglilien

sind wirklich eine Bereicherung unserer Gärten. Ich habe sie vorwiegend im Vorgarten stehen, wo sie im Schattenbeet sehr gut zur Geltung kommen. Die unterschiedlichen Blütenfarben zeichnen die Taglilie besonders aus. Es gibt auch einige duftende Sorten, die hauptsächlich an warmen Tagen ihren Duft verbreiten. Sie erfreuen uns eine ganz lange Zeit im Sommer, da jede Staude viele kräftige Stängel hat, die mehrere Blütenknospen tragen.

Taglilien sind in jedem Fall winterhart, denn sie lassen die langen schmalen Blätter im Herbst abwelken und einziehen. Nach einigen Jahren, wenn die Staude groß ge-

nug ist, wird sie durch Teilung im Herbst vermehrt. Es gibt richtige Taglilienzüchter, die Unmengen von verschiedenen Blütenformen und Farben hervorbringen. Leider kann ich sie nicht alle in meinem Garten haben.

Die Gartenlilie (Liliaceae)

Mein Garten beherbergt drei Exemplare der Gartenlilie, auch als Baumlilie bekannt, die mich jetzt schon das vierte Jahr erfreuen. Ich finde sie ganz toll. Die Schönheit ihrer großen Blütenkelche, die dunklen Staubgefäße, die leicht im Wind zittern und der unvergleichliche Duft, der sich über meinen kleinen Garten legt, sind einfach traumhaft. Nicht umsonst zählt die Lilie zu den „Adeligen" im Garten, für mich ist sie die Gräfin im Blumenbeet. Meine Prachtlilie ist 140 cm hoch und strahlt im sonnigen Hintergrund des gelb und weiß bepflanzten Blumenbeetes. Eine Kletterhortensie bildet einen grünen Kontrast zu dieser Prachtlilie, als möchte sie ihre Stütze sein. Sie liebt einen beschatteten Fuß, der leicht mit mehrjährigen, passenden und niedrigen Blumenstauden zu erreichen ist.

Die Lilie zählt zu den ältesten Gartenpflanzen und wird schon seit Jahrtausenden kultiviert. Sie fehlte in keinem Bauerngarten. Die Zwiebeln werden im Herbst ziemlich tief eingelegt, der Boden soll locker und humos sein und die Pflanzstelle darf nicht zu feucht gehalten werden. Eine gute Winterhärte ist dem Gärtner sicher. Früher waren die Lilien etwas schwierig zu kultivieren, besonders die Madonnenlilie. In den letzten 100 Jahren sind viele Neuzüchtungen *(Hybride)* erschienen, die problemlos in unseren Gärten gedeihen.

Ein Feind der Lilien ist das Lilienhähnchen. Ein knallroter Käfer frisst die Blüten und Blätter gnadenlos ab. Es bleibt nur eins: regelmäßig die Käfer absammeln und die bräunlichen Eier am Stamm vernichten. Ich habe festgestellt, dass die großen Lilien nicht unbedingt zur bevorzugten Speisekarte des roten Käfers zählen, sondern eher die niedrig blühenden Lilien wie die Feuerlilie.

Nicht nur blühende Stauden schmücken meinen Garten, nein, auch prächtige Blattstauden stehen zwischen den blühenden Pflanzen.

Die **Funkie** oder **Hosta** wird nach ihren Blättern auch Herzblattlilie genannt. Der österreichische Arzt und Botaniker Nikolaus Thomas Host

Lilienhähnchen

(1761 – 1834) wurde der Namensgeber dieser herrlichen und vielseitig verwendbaren Blattpflanze. Die Gattung der Pflanze ist nach dem Botaniker und Apotheker Heinrich Christian Funk (1771 – 1839) benannt. Es stimmen also beide Bezeichnungen. Sie ist für schattige und halbschattige Plätze im Garten ausgezeichnet geeignet. Ihre weitausladenden, herzförmigen Blätter können so manches „Gartenloch" füllen. Es gibt unzählige Grünnuancen, von gelbgrün, silbergraugrün bis hin zur zweifärbigen Blattzeichnung.

Die Funkie ist eine pflegeleichte Pflanze, die sehr gut im Topf zu halten ist. Hierfür sind die blaugrünen Sorten gut geeignet, ich habe aber auch andere Sorten schon im Topf problemlos gehalten. Auf der Sonnenterrasse sehen sie besonders hübsch aus, denn dieser überaus schöne Blattschmuck bildet einen Ruhepunkt im sommerlichen Blütengewirr.
Bei starker Sonneneinstrahlung beschatte ich die Blätterpracht mit der Markise und sie bekommt natürlich genügend Wasser.

Beispiel Krokusse, so ist dieser Platz der weit ausladenden Hostablätter bis zu ihrem Austrieb im April mit Blüten zusätzlich dekorativ gestaltet.

Die Vermehrung erzielt man mittels Teilung des Horstes. Die Pflanze zeichnet sich durch absolute Winterhärte aus. Kein Wunder, denn nach der schönen Gelbverfärbung im Herbst welken die Blätter ab. So ruht der Stock gemächlich in der gefrorenen Erde, um im Frühling wieder neu seine Blätterpracht zu entwickeln. Die

Hostas zieren besonders meinen Vorgarten und gestalten ihn pflegeleicht. Ich lege im Herbst ganz dicht um den Blattaustrieb herum Frühlings-Zwiebelblüher ein, zum

Die Zwiebelblüher können dann unterm Schutz der Blätter in aller Ruhe einziehen und im nächsten Frühling wieder neu erblühen.

Blüte ist auch nicht unerheblich, von Weiß bis Zartlila zieren die langen Blütenrispen, die teilweise gut duften, diese Blattstaude.

Leider stehen die Blätter der Hosta beim Breitmaulrüssler auf seinem nächtlichen

Speiseplan. Dem nachtaktiven Schädling ist nur schwer beizukommen, außer man lauert ihm auf, bewaffnet mit einer Taschenlampe, und sammelt ihn ein.

Na ja, man kann es mal versuchen!

Eine besonders charmante Blüte in einjähriger Kultur ist die **Cosmea** *(Cosmos bipinnatus)*, auch Schmuckkörbchen genannt. Die Cosmea gehört zu den Korbblütlern und sollte als langblühende Sommerblume in keinem Garten fehlen. Sie kann ziemlich hoch werden, blüht den ganzen

Sommer unermüdlich und fügt sich mit ihren filigranen Stängeln und Blättern in jedes Blumenbeet ein.

Die hübschen Blüten erscheinen in vielen Farben von Purpurrot bis hin zu Rosa und schließlich in reinem Weiß. Ich schneide die abgeblühten Stiele aus, so kommen die neuen Blüten schneller nach und es entsteht keine Blühpause bis zum Herbst. Diese langstielige Sorte ist typisch für den Bauerngarten, ich mag sie sehr gerne als Hintergrund zu den Rosen, wo sie in ihrer Zartheit sich leicht im Wind bewegt. Es gibt noch die buschige niedrige Sorte, die sich für den Vordergrund des Beetes und für die Topfbepflanzung gut eignet. Die Cosmea kann man sehr leicht selber gleich an Ort und Stelle aussäen.

Cosmea

Eine weitere beetfüllende Blühpflanze ist der **Ziersalbei** *(Salvia nemorosa)*. Er ist eine ausdauernde Pflanze, wird 30 cm – 50 cm hoch und erscheint in kräftigen, auffallend lilablauen bis dunkelvioletten Blütenrispen. Der Ziersalbei ist auch in Züchtungen mit den Farben Weiß und Rosa zu bekommen. In meiner gelben Rosengruppe habe ich den violetten Salbei gepflanzt; das weiße Hemdknöpfchen, eine weiße und eine blaue Glockenblume runden diesen Gartenteil harmonisch ab.

Ziersalbei

Der Ziersalbei ist sehr winterhart und leicht zu pflegen. Ich schneide ihn nach der Hauptblüte etwas zurück, dann treibt er nochmals aus und blüht bis zum Herbst. Ein leichter Rückschnitt oder das Ausschneiden einzelner Blüten verlängert bei fast allen Sommerblumen die Blühzeit.

Als Beetabschluss eignet sich der Storchschnabel *(Rozanna Geranium Hybride)*, der den ganzen Sommer seine schönen blauen Blüten zeigt und mit seiner Höhe von 30 – 40 cm jedes Gartenbeet bereichert.

Sommerstorchenschnabel

Neben den Platz einnehmenden Blütenstauden gibt es in meinem Garten noch viele kleinere und schmale Jahresblüher oder auch mehrjährige schlanke Rispenblüten. Sie fügen sich in ihrer schlichteren Art wunderbar zwischen die Hauptblüher ein.

Die Gartenglockenblumen *(Campanula persicifolia)* zählen zu den Sommerblumen, die ich besonders liebe. Die hohen Stiele mit unzähligen Blüten in Blau und Weiß fügen sich zierlich zwischen Rosen und höheren Stauden ein. Ich mache mir die Mühe und schneide die ersten verblühten Glöckchen aus. So kann ich eine zweite Blühphase erwarten. Das zählt aber zu jenen Gartenarbeiten, die nicht unbedingt notwendig sind.

Im Juli schmücken zwei Clematis besonderer Art den Gartenzaun. Die purpurfarbene dicht gefüllte Clematis *Purpurea Plena Elegans*, deren Blütengröße nur 5 cm beträgt und die Clematis *Flammula Rubromarginata* mit ihren vier Blütenblättern,

die kaum eine Größe von 4 cm erreichen, winden sich gemeinsam im wieder blühenden Geißblatt am Gartenzaun empor. Eine Farbkombination, die nicht schöner sein kann, und die Düfte, die von diesem Dreigespann ausgehen, sind einfach herrlich.

Clematis Purpurea Plena Elegans

Flammula Rubromarginata

Wann schneide ich meine Buchse

Der **Buchs** *(Buxus sempervirens)* ist ein stattliches, elegantes, immergrünes Gehölz und eine Schmuckstaude in jedem Garten sowie ein herrlicher Grünschmuck im Winter. Es gibt eine Faustregel, die sagt, **dass ab Sonnenwende der Buchs geschnitten werden kann.** Ab diesem Zeitpunkt ist der Neuaustrieb genügend ausgereift, denn wer zu früh schneidet, muss wieder nacharbeiten, um eine schöne Form zu erhalten.

Meine Buchskugeln stehen zum Teil im dicht bepflanzten Blumenbeet, und da stört es mich nicht, wenn die Rundungen nicht ganz exakt geschnitten sind. Die oberen längeren Austriebe kann ich leicht erreichen und schneide diese weg.

Sollte aber eine Kugel oder Pyramide solitär und gut sichtbar gepflanzt sein, dann schneide ich sie genau in Form. Das ist nicht immer leicht, denn es gibt dann viel Grünschnitt, der sich nur schwer aus der Rabatte entfernen lässt. Ich wende folgenden Trick an: Ein leichtes Vlies rundherum um die Staude gelegt, das ich nach dem Schnitt vorsichtig mit dem Grün entferne, erleichtert das Saubermachen. Ich schneide an trüben

Tagen, denn die Sonne brennt die Schnittflächen aus und es bleiben hässliche braune Ränder zurück.

Die weniger sichtbaren Buchskostbarkeiten – wie hier im dicht bewachsenen Frühlingsgarten zu sehen ist – bekommen erst im Frühherbst ihren Trimmschnitt. Ist im Herbst die Blumenflora abgeblüht, zieren die in Form geschnittenen Buchse als schöne Grüngehölze den Garten.

Der kleine Vorgarten ganz groß

Meine Ballhortensie ist jedes Jahr wieder ein Prachtstück. Eine der beliebtesten Hortensien ist die **Annabelle** *(Hydrangea aborescens)*. Sie zählt zu den Waldhortensien.

Die ballgroßen Dolden, besetzt mit hunderten von kleinen einzelnen, weißen Blüten, sind eine Besonderheit in jedem Schattengarten. Zuerst erscheinen die Blüten in zartem Grün und dann im Juli reifen sie zu weißen Blüten aus, um im Spätsommer wieder ins helle Grün zurückzugehen.

Die Annabelle wird etwa 1,50 m hoch und braucht eine Stütze, denn wenn es regnet, knicken die wassergetränkten Ballen leicht ab. Hortensien haben an Beliebtheit zugenommen, denn sie sind leicht in der Pflege. Sie freuen sich im Frühjahr über

eine Gabe Rhododendrendünger und brauchen nur genügend Wasser und guten Boden; das ist der einzige Aufwand, den diese herrlichen Geschöpfe verlangen. Die Annabelle liebt einen halbschattigen Platz mit guter humoser Erde. Ein Rückschnitt der Ruten im Spätherbst oder Frühling auf zwei Blattaugen garantiert eine weitere reiche Blüte im nächsten Sommer.

Raublatthortensie

Eine andere sehr dekorative Staude ist die **Raublatthortensie** *(Hydrangea sargentina aspera)*, auch Fellhortensie genannt. Die häufig in unseren Gärten gepflanzte Sorte ist wenig verzweigt, wird aber ein bis zu 3 m hoher Strauch.

Dieser Zierstrauch von besonderer Art ist wiederum mit wenig Pflege zufrieden. Ihr Name erklärt sich durch die sehr raue Unterseite der Blätter, die Oberseite dagegen fühlt sich weich und samtig an. Diese Hortensie muss nicht geschnitten werden, es sei denn, der Strauch wird zu groß, dann nimmt sie einen Formschnitt nicht übel. Die tellerartigen Scheinblüten, umkränzt von einem weißen oder zart violetten Blütenkranz, sind eine wahre Bienenweide.

Die abgetrockneten Blütenstände lasse ich stehen, denn sie zeichnen sich im Winter bei Raureif und Schnee als ein besonders dekorativer Gartenschmuck aus.

Der Sommer
Rosenschmuck am Sonnenhut
streift er barfuß durch die Wiesen.
Lachend voller Übermut
ihn am See die Menschen grüßen,
die in heißer Sonnenglut
herrlich kühles Nass genießen.

Anita Menger

August

der Spätsommermonat

Welche Gartenarbeiten im August auf mich warten	
• Die Terrassentöpfe überprüfen	S. 108
• Den Sommer genießen	S. 110
• Die Küchenkräuter trocknen	S. 111
• Den Rasen düngen und wässern	S. 112
• Lavendel und Frauenmantel schneiden	S. 113

In der zweiten Woche im August zeigt der phänologische Kalender den **Spätsommer** an, der dann **25 Tage** anhält.

Der Regenbogen wartet nicht, bis du mit der Arbeit fertig bist. Ein Naturschauspiel, das sich uns an einem feuchten und gewittrigen Augusttag zeigte. Ein riesiger Regenbogen spannte sich über das ganze Dorf und leuchtete in seinen Farben, wie ich es nur selten erlebt habe. Ich persönlich konnte dieser gewaltigen Stimmung viel abgewinnen.

Die Topfblumen sind dank guter Düngung und genügend Wasser üppig und ausladend gewachsen und verwandeln meine Terrasse in ein sommerliches Blütenmeer. Morgens, wenn ich die Wohnzimmertür öffne, empfängt mich ein Schwall süßen Duftes von Petunien, Alyssum, Geranien und Verbenen.

Ich schneide diejenigen, deren Blätter und Blüten auf dem Boden aufstehen, einfach ein gutes Stück zurück. Das hat den Vorteil, dass die Blütenhorste sich schnell wieder erholen und an neuen Stellen blühen. Auch Petunien *(Solanaceae)*, ein Nachtschattengewächs, sind für solche Maßnahmen besonders gut geeignet. Elfensporn *(Diascia)* und Eisenkraut *(Verbenum)* lassen sich so ebenfalls gut aktivieren.

Jetzt im August sind die Rispen des **Lavendels** allmählich abgeblüht. Ich schneide sie für die beliebten Duftsträußchen ab oder binde kleine Kränzchen daraus. Im Kleiderschrank dienen sie zur Abwehr der Textilmotten und verbreiten einfach im Raum einen angenehmen Duft. Lavendel wird etwa 2 – 3 cm unter den Blütenstielen zurückgeschnitten. Damit wird eine schöne Staudenform erreicht. Sollte der Lavendel schon sehr verholzt sein, darf man jetzt ruhig einige Zentimeter ins Holz schneiden. Die Duftstaude hat noch genügend Zeit, sich bis zum Herbst wieder zu regenerieren.

Der Blütenstand des Frauenmantels liegt jetzt braun am Boden. Darum schneide ich die Rispen und Blätter radikal bis zum Austrieb zurück. Nach einer Woche hat sich die schöne Staude bereits mit einem dichten Blättermantel umhüllt und kann wieder die Regentropfen auf den frischen grünen Blättern glitzern lassen.

Eine hübsche Kombination aus meinem Sommergarten ist das hohe Eisenkraut *(Verbena officinalis)*, kombiniert mit dem roten Fenchel *(Foeniculum vulgare Atropurpureum)*.

Lavendel

Eisenkraut

Der rote Fenchel mit seinen sehr dekorativen Blüten wirkt wie ein Magnet auf Wespen und andere Insekten und bildet einen zierlichen Begleiter zur gelben Rose Graham Thomas.

Bevor ich in den Urlaub gehe, mache ich in den Blumenbeeten noch ein wenig kosmetischen Putz. Wenn es trocken genug ist, versuche ich, die abgefallenen, vergilbten Rosenblätter aufzusammeln und zu entsorgen. So verhindere ich, dass sich Rosenrost und andere Pilzkrankheiten, die vom Regen verursacht werden, ausbreiten und die Rosen weiter infizieren. Eine Rosenspritzung am Abend könnte nicht schaden.

Der Garten ist wie er ist, es gibt nicht mehr viel zu ändern oder zu gestalten. Jetzt kann auch der eifrigste Gärtner, wenn alle Vorsorge getroffen ist, für einige Zeit das Gartentor schließen und in den Urlaub fahren. Wichtig ist nur, dass der Gießdienst funktioniert, es wäre jammerschade, wenn in der Abwesenheit des Besitzers der Garten Durst leiden müsste und er bei seiner Rückkehr ein trauriges Bild vorfinden würde.

Ferien, Freizeit und Hochsommer

„Du ahnst nicht,
wie ungern ich verreise",
sagt der Wettergott.

Peter Hacks

Der Wettergott hat recht, wenn er sagt, er will nicht gerne verreisen. Wenn uns ein schöner Sommer vergönnt ist, dann muss man nicht unbedingt in die Ferne reisen. Einen Urlaub an den heimischen Seen zu verbringen, ohne lange Autofahrten und Staus hinnehmen zu müssen, wäre eine herrliche Alternative für einen Urlaub im eigenen Lande.

Ich lade mir im August gerne liebe Freunde ein. Ein warmer Sommerabend – vielleicht strahlt auch der Vollmond, der dann die Abende besonders schön beleuchtet und ein geheimnisvolles Licht auf den Garten wirft. Zu dieser Zeit bekomme ich große Lust, mich mit lieben Menschen zu umgeben. So mancher denkt jetzt, oh Gott, diese Arbeit tu ich mir nicht an. Kann ich gut verstehen. Warum soll man immer alles selber machen?

Für mich bedeutet es ein Stück Urlaub, wenn ich zu einem Fest ein gutes Catering beauftrage, das nach meinen Wünschen und meinem Geldbeutel ein kleines oder größeres Fest kulinarisch gestaltet. Ich brauche kein Geschirr zu waschen, kein Zelt aufzustellen, keinen Grill zu betreuen und mich um keine Tisch- und Sitzmöglichkeiten und Tischwäsche zu kümmern. Ich habe das schon einige Male gemacht und konnte immer großem Erfolg und beste Zufriedenheit bei meinen Gästen verbuchen.

Für die Daheimgebliebenen

Nicht jeder sucht im August in der Ferne das Glück der Entspannung und Erholung. Im eigenen Garten, der ja die ganzen Monate gepflegt und gehegt wurde, ist es sogar sehr schön, Ruhe und Zeit zu genießen, ein Buch zu lesen oder die Muße zu haben, nur das zu tun, was man wirklich will. Sollte das Wetter einmal nicht mitspielen, dann fühlt man sich im gemütlichen Zuhause wohl.

Wenn „my home my castle" ist,
dann ist "my garden my kingdom".

Englisches Sprichwort

Die katholische Kirche feiert das Fest von Maria Himmelfahrt, an diesem Tag werden die Kräuter und Heilpflanzen gesammelt und in der Kirche geweiht. Ein hübscher Brauch, den ich zum Anlass nehme, um meine **Küchen- und Gewürzkräuter** zu ernten und zu trocknen. Ein

kleines Duftsträußchen hänge ich in der Küche auf, die anderen Kräuter lasse ich an der Luft trocknen, bis sie sich gut abrebeln lassen. Im Winter greife ich gerne auf die eigenen Kräuter aus dem Garten zurück.

Nach dem Urlaub ist wie vor dem Urlaub

Gartenarbeit ist wieder angesagt. Der Spätsommer, so glaube ich, hat sich schon angemeldet: Die Temperaturen sind gemäßigter, es ist nicht mehr so heiß und auch der notwendige Regen ist gekommen. Jetzt kann man wieder durchatmen. Die Lust auf Gartenarbeit steigt – bei mir auf jeden Fall.

Eine kleine Betrachtung, die ich aus den Ferien mitgebracht habe

Der therapeutische Nutzen von Gartenarbeit ist für den Psychotherapeuten Fritz Neuhauser keine Glaubensfrage, sondern eine simple Tatsache:

Das macht sich schon am Organismus bemerkbar.
Beim Aufenthalt in einem Garten sinkt die Herzfrequenz,
der Blutdruck geht runter und die Muskulatur entspannt sich.

Außerdem, sagt Neuhauser, kenne er kein Antidepressivum, das so rasch wirkt, wie der Gang durch den eigenen Garten.

Ich glaube fest daran, denn der Garten ist in meinem Leben ein ganz wichtiger Teil, ohne den ich nicht sein möchte.

Die Temperaturen lassen es zu, dass der **Rasen wieder gedüngt** wird. Einen organischen Dünger am Abend ausbringen und anschließend gut wässern, das bringt ihm wieder sein gutes Ausse-

hen zurück. Möglicherweise hat das Grün bei der Hitze doch etwas gelitten, so wird er sich nach dieser Pflege schnell wieder erholen. Aus diesem Grund besprenge ich alle zwei Tage am Abend den Rasen, denn es kann am Tag noch sehr warm sein. Die Feuchtigkeit des Taues, der nun wieder stärker zu bemerken ist, kommt dem ganzen Garten sehr zugute.

Die Hortensien, die Rosen des Spätsommers

Botanisch gesehen bilden die Hortensien eine eigene Familie, die Hydrangeaceae. Inzwischen gibt es an die 70 verschiedene Sorten. Die beliebteste und bekannteste Sorte ist die **Bauernhortensie** *(Hydrangea macrophylla),* die früher zum festen Bestand eines Bauerngartens zählte.

Bauernhortensie

Red violett Hortensie

Leider werden diese Gärten immer weniger. Im Gegensatz dazu gewinnt diese altmodische Gartenstaude in unseren Gärten immer mehr an Beliebtheit. Die schönen Farben der Gartenhortensien bringen von Juli bis Mitte Oktober eine herrliche Blütenfülle in den Spätsommergarten. Die weißen, rosa und roten Blütendolden der Bauernhortensie fühlen sich im Halbschatten, aber auch bei genügender Bewässerung in der Sonne wohl. Die blau blühenden Hortensien brauchen einen Boden mit einem pH-Wert 4, und spezielle Mineralsalze (Aluminiumverbindungen) unterstützen die Blaufärbung. Zu viel Phosphor im Dünger lassen die blauen Hortensien wieder rosa erblühen.

Die Hortensien sind sehr einfach zu pflegende Gartenbewohner, wenn sie einen humosen Boden, genügend Wasser und einen stickstoffbetonten Volldünger bekommen. Es gibt im Handel einen speziellen Hortensiendünger, aber auch ein Dünger, der für Rhododendren und Azaleen verwendet wird, ist geeignet. Bitte kein Blaukorn verwenden, denn da ist zu viel Phosphor enthalten.

Viele Gartenfreunde sind unsicher, welche Art der Hortensien geschnitten werden soll und welche nicht.

Es gibt zwei Schnittgruppen

Zur Gruppe 1 gehören alle Sorten der Bauernhortensien *(Hydrangea macrophylla),* der Tellerhortensien *(Hydr. serrata),* der Samthortensien *(Hydr. sargentiana)*, der Eichblatthortensien *(Hydr. querzifolia)* und der Kletterhortensien *(Hydr. petiolaris).* Diese Sorten dürfen **nicht** geschnitten werden, denn sie legen bereits im Vorjahr die Blütenknospen für die nächste Saison an. Sollten im Frühling einige Zweige erfroren sein, so schneide ich diese bis zum Boden ab. Wenn der Hortensienstock im Laufe der Jahre insgesamt zu groß geworden ist, werden die älteren Triebe herausgeschnitten und die verbliebenen um einige Knospenansätze gekürzt. Eine Eichblatthortensie sieht ab September besonders interessant aus, da verfärben sich die Blätter in verschiedenen Rot- und Rosttönen. Die Blüte ist eher klein und unauffällig.

Eichblatthortensie · Bauernhortensie · Tellerhortensie · Tellerhortensie · Samthortensie

Zur Gruppe 2 zählen nur zwei Arten der Hortensien, die Rispenhortensie *(Hydr. Paniculata)* und die Schneeballhortensie *(Hydr. Arbotrescens)*, auch Gartenhortensie genannt. Diese Hortensien **müssen** geschnitten werden.

Sie werden im Frühling bis auf ein Austriebsauge zurückgeschnitten.

Kyushu

Great Star

Nur so schenken sie uns im Sommer eine reiche Blüte. Die abgetrockneten Blütenrispen lasse ich über den Winter stehen, denn sie sind ein bezaubernder Schmuck im winterlichen Garten.

Meinen Vorgarten zieren jetzt die Rispenhortensie **Great Star** mit ihrer bezaubernden Blütenform und die weiße **Pinky-Winky**, deren Blüten sich später von Rosa bis ins Pinkrot verfärben. Eine besonders schöne Sorte ist die Rispenhortensie **Kyushu**, sie bildet größere Blüten auf einer kleineren Rispe aus. Alle Hortensienblüten eignen sich im Herbst zu zauberhaf-

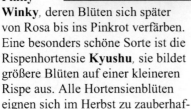

Pinky-Winky

ten Dekorationen. Die Blüten müssen nur genügend ausgereift sein und sollen noch die herbstliche Färbung haben. Der richtige Zeitpunkt zum Schnitt ist, wenn sich die Blütenblätter wie Papier anfühlen.

Kleine Geschenke selbstgemacht

Die großen Ballen der Gartenhortensie „Annabell" sind längst grün und reif genug, so dass sie geschnitten und verarbeitet werden können, ohne dass die kleinen Blüten verwelken. Ob die Stiele in einer Vase ohne Wasser sich dekorativ zeigen oder die einzelnen Blütenbüschel zu einem größeren oder kleineren Kranz verarbeitet werden –

sie ergeben immer einen vielseitigen spätsommerlichen

Annabell

Schmuck fürs eigene Wohnzimmer oder ein individuelles Geschenk für liebe Freunde. Gerne gebe ich eine kleine Anleitung, wie so ein Kränzchen mit etwas Geduld und Geschick angefertigt werden kann. Wichtig ist, dass die Hortensien frisch verarbeitet werden, denn im trockenen Zustand sind sie brüchig.

Wir brauchen folgendes Material:

- einen Draht- oder Strohreifen je nach gewünschter Größe. Der Strohrömer eignet sich eher für einen größeren Kranz, der aber mehr Bindematerial verbraucht.
- einen Bindedraht auf der Spule, nicht zu dünn, aber gut geschmeidig. Den kann man in verschiedenen Metallfarben wählen und ist in einem Bastel- und Floristenbedarf erhältlich.
- eine feine Garten- oder Haushaltsschere, um die einzelnen Blütenbüschel abzuschneiden.
- eine Krepppapierrolle, die in 3 – 4 cm breite Streifen geschnitten wird, sie soll farblich möglichst zum Bindedraht passen.

Nun können wir mit der Arbeit beginnen. Für eine bessere Haftung umwickle ich den Metallreifen mit dem gewählten Krepppapier. Der Römer bekommt auch eine farbliche Umhüllung, was aber nicht zwingend notwendig ist. Das Stroh sieht allerdings nicht so gut aus, vor allem, wenn der Kranz nach dem Trocknen der Blüten zu einem bestimmten Anlass mit Farbspray besprüht werden soll.

Nun nehme ich ein Blütenbüschel in die Hand und binde es mittig fest. Ein zweites links und drittes rechts bestimmen die Dicke des Kranzes, die beim ersten Arbeitsschritt festgelegt wird. Als Rechtshänder arbeite ich in der Rundung von links nach rechts, immer darauf achtend, dass der Kranz eine gleichmäßige Stärke und Rundung bekommt. Das Ende ist etwas schwieriger, denn es sollte kein Abschluss bemerkbar sein. Noch ein kleiner Aufhänger, durch eine Drahtschlaufe gefertigt, und fertig ist das Kunstwerk. Der Kranz muss jetzt ganz trocken werden, erst dann kann er mit Farbspray in Weiß, Gold oder Silber besprüht werden. Soll der Kranz grün bleiben, dann besprühe ich ihn nur mit einem Floristenspray, so bekommt er

ein frisches Aussehen. Auch ein Haarspray dient diesem Zweck.

Nun hoffe ich, dass ich den Mut zur Kreativität geweckt habe und wünsche viel Freude und Erfolg mit dem schönen Kunstwerk.

Der Garten in der zweiten Rosenblüte

Wie freue ich mich, dass viele Rosen wieder zu blühen beginnen und ihre Schönheit im Garten zeigen! Die Anzahl der Blüten ist geringer, aber umso intensiver erscheinen sie jetzt in ihren Farben. Ich glaube, es ist die Vergänglichkeit der prachtvollen Rosenblüten, die sie uns nun besonders kostbar machen. Die kühleren Nächte

Kardinal Hume

und Tage lassen uns die Blütenköpfe länger erhalten, als würden sie ahnen, dass sie bis zu ihrer nächsten Blütezeit sehr lange warten müssen. Nicht alle Rosen halten sich an die spätsommerliche Askese, wie zum Beispiel die Stammrose Diamant, die wieder hunderte von Blütenknospen angesetzt hat. Auch die Rose **Kardinal Hume** scheint in der zweiten Blüte reicher zu blühen. Die Eden-Rose wird bald wieder ihre Knospen öffnen und zwar ungemindert in ihrer Blütenfülle.

Die herbstliche Färbung einzelner Rosen kann man besonders gut bei der Rose Gebrüder Grimm und der Rose Della Balfour erkennen, deren intensive Tönung jetzt besonders auffällt.

Eden-Rose

Gebrüder Grimm

Della Balfour

Rose Aprikola

Paradies ist kein Synonym für die Liebe oder
die Freuden der Jugend,
für den Tanz oder die Landschaft aus Berg und Tal und
sich windendem Fluss.

Es bedeutet nichts anderes als Garten.

Gabriele Tergit

Auch die Wespen, Bienen, Schmetterlinge und Libellen fühlen sich wie im Paradies. Sie nehmen das späte Angebot an Nektar dankbar an, denn es ist an Nahrungsangebot nicht mehr sehr viel zu erwarten.

Meine ganz besondere Liebe gehört den **Herbstanemonen**, die jetzt schon in voller Blüte stehen. Ich glaube, sie wollen uns sagen, der Sommer ist noch nicht ganz vorbei. Mit ihren unzähligen Blüten in Rosa, Pink und Weiß wiegen sie sich im leichten Wind und

lassen den Garten in einer sommerlichen Leichtigkeit erscheinen. Geliebt deswegen, schenken sie uns noch einmal im auslaufenden Sommer eine Blütenfülle, die sich über den ganzen Garten ergießt. Die leicht gefüllten Sorten bezeichne ich als die

Prinzessinnen der Anemonen, sehen ihre Blüten doch so zierlich und anmutig aus.

Die Herbstanemonen stammen aus der Familie der Hahnenfußgewächse *(Ranunculaceae),* der Gattung des Windröschens, dem bekannten Buschwindröschen. Sie lieben halbschattige Plätzchen, einen humosen Boden, genügend Feuchtigkeit und sind total anspruchslos. Die Herbstanemone ist in China und Japan beheimatet.

Die reinweiße Anemone *(Japonica-Hybride Whirlwind)* blüht im Schattengarten beim Hauseingang. Ihre langhaltenden Blüten erscheinen etwas später als ihre Schwestern. Diese Anemone eignet sich gut als Schnittblume.

Whirlwind

Die rosa Anemone *(Hupehensis praecox)* zeigt sehr früh im Spätsommer ihre einfachen hellrosa Blüten. Es ist bezaubernd, wie die rosa Wolke der vielen Blüten, im Hintergrund beschützt von einem großen Buchs und einem Säulenwacholder, den nördlichen Vorgarten ziert. Die Höhe von 140 cm verlangt nach einer Stütze, dann hält sie auch einer starken Herbstbrise stand.

Die Anemone *Japonica-Hybride Rosenschale* hat sehr schöne und attraktive große Blüten. Das satte Rosa ihrer Blüten wird durch die dunkle Blattunterseite unterstrichen. Diese neue Sorte erreicht eine Höhe von 80 – 100 cm.

Spätsommer

In dieser frühen Abendstunde –
wie kalt der Wind das Land durchweht!
Die Sonne schließt nun ihre Runde,
der blasse Mond am Himmel steht.

An solchen kühlen Sommertagen
spürst Du: Es geht dem Ende zu.
Schon will die Welt das Herbstkleid tragen
und bald liegt sie in Wintersruh.

Anita Menger

Die Anemone *Hupehensis Honorine Jobert*, deren reines Weiß ihrer Blüte bezaubert, ist wie alle anderen Anemonen bestens für ein Schattenbeet geeignet. Sie ist der ideale Begleiter zu Gehölzen, Rispenhortensien und Hostas und blüht breitbuschig von August bis Oktober.

Hupehensis Honorine Jobert

Die Anemone *Japonica-Hybride Bressingham Glow* in Altrosa hat gefüllte Blüten, sie steht nahe am Wasserzulauf des Teiches und hat die ebenso farbgleiche Strauchrose Elmshorn als Nachbar. Eine Farbkombination, die wiederum eine tolle Wirkung zeigt. Hier steht sie auf der Südseite, allerdings

Bressingham Glow

hat sie genügend Feuchtigkeit und durch die lichte Krone der Felsenbirne auch etwas Halbschatten.

Diese beiden Sorten erreichen eine Höhe von 90 – 100 cm und vermehren sich nur langsam. Die frühe Herbstanemone, die sich schnell ausbreitet, kann durch Teilung der Staude im Frühling vermehrt werden. Alle diese Sorten sind sehr robust, einfach zu pflegen und überaus winterbeständig. Schade, wenn diese schöne Blütenstaude in einem Garten fehlen würde.

Hypehensis praecox

September

der Frühherbst

Auch der phänologische Kalender kündigt den **Frühherbst** an, der nur **23 Tage** anhält.

Ein Tipp für die Rosenpflege

Eine längere Regenzeit kann den Rosenrost stark aufkommen lassen. Die neuen Austriebe sind aber meist nicht betroffen. Da hilft nur eines: Alle befallenen Blätter sorgfältig einsammeln und im Restmüll entsorgen. So kann man weitgehend verhindern, dass die Rosenpilzkrankheiten im Erdreich überwintern können und im nächsten Jahr wieder ihr Unwesen treiben. Daher ist es jetzt sinnvoll, noch einmal im Abstand von zwei Wochen mit einem Rosen-Stärkungsmittel zu spritzen. Es tritt auch teilweise der Mehltau auf den Blättern auf, der dann entsteht, wenn die Feuchtigkeit der Nacht am Tag nicht mehr auftrocknen kann. Das ist aber nicht weiter schlimm, das bringt halt der Herbst so mit sich.

Ich entferne schon einmal alle trockenen und **abgeblühten Triebe und Blütenstände** von den Stauden. Manche einjährige Sommerblumen sind auch erschöpft, vertrocknet und ausgeblüht. So leiste ich schon etwas Vorarbeit im Staudenbeet.

Den Phlox überprüfe ich auf Verblühtes, das schneide ich aus, denn in den Blattachseln sehe ich schon weitere Knospen, die eine zweite Blüte ankündigen.

Eine reiche Tomatenernte

Wer eine gute Ernte von Eiertomaten hat und nicht weiß, wohin damit, dem verrate ich ein köstliches Rezept um sie als getrocknete und marinierte Tomaten haltbar zu machen.

Das Rezept:

Die gut gereiften Tomaten waschen, trocknen, halbieren und mit einem kleinen Löffel das Kerngehäuse entfernen. Auch der grüne Strunk soll weg. Ein Backblech mit Backpapier auslegen und die Tomatenhälften mit der Schnittfläche nach oben eng auflegen. Ein oder zwei Bleche in den Backofen geben und die Temperatur auf 70 – 90 °C Umluft einstellen. Einen Kochlöffel in die Tür einklemmen und dann langsam die Tomaten trocknen lassen.

Das dauert seine Zeit, etwa 12 Stunden, nachts einfach ausschalten, ruhen lassen und am nächsten Tag wieder weitertrocknen. Die niedrige Temperatur hält den Stromverbrauch in Grenzen. Ein Backofen mit automatischem Dörrvorgang erledigt die Trocknung von selbst.

Ich beobachte aber von Zeit zu Zeit den Vorgang, ob auch alles seine Richtigkeit hat. In jede Tomatenhälfte lege ich ein Korn grobes Meersalz, das entzieht Feuchtigkeit und verbessert gleichzeitig den Geschmack der Tomaten. In der Zwischenzeit bereite ich aus Olivenöl eine Marinade mit Kräutern zu. Dazu die mediterranen Kräuter wie Rosmarin, Thymian, Basilikum und Knoblauch sehr fein hacken, etwas Zucker und eventuell noch etwas Salz zugeben und mit dem Öl vermengen. Ich nehme nur sehr gutes Olivenöl, das ich nach Verzehr der getrockneten Tomaten für Salate, Ziegenkäse oder andere Köstlichkeiten verwende. So geht kein Tropfen von diesem wunderbaren und wertvollen Lebensmittel verloren. Wenn die Tomaten keine Flüssigkeit mehr zeigen, sich geschmeidig anfühlen und gut abgekühlt sind, wird die Ölmarinade mit einem Pinsel auf die getrockneten Tomaten aufgestrichen.

Spätestens jetzt läuft mir durch diesen herrlichen Duft das Wasser im Mund zusammen.

Nun die Tomaten in saubere Gläser füllen, mit einem Kochlöffel leicht aneinanderdrücken, um eventuelle Luftblasen zu entfernen. Mit einer Ölschicht die Früchte abdichten und gut verschließen. Das Ergebnis dieser Arbeit ist nicht üppig, aber es lohnt sich. Ich serviere die getrockneten Tomaten mit Frischkäse von Ziege oder Schaf und vielleicht etwas Schinken dazu. Mit Weißbrot und einem Glas guten Rotwein ist ein gemütlicher Abend sicher.

Der Herbst ist schon spürbar nahe

Eine sehr schöne Blütenfülle bereiten uns auch zum auslaufenden Gartenjahr die vielen kleinen Blütensterne der **Herbst-Aster.** Die winterharte Staude blüht in herrlichen Farben wie Pink, dunklem Lila, Hellblau, Rosa und Weiß. Sie werden auch Winterastern genannt. Die häufigste Art ist die **Aster** *Novi belgii,* eine Glattblattaster,
die anspruchslos in ihrer Pflege ist. Sie wird bis zu 120 cm hoch und liebt die Sonne. Die Blütenstaude sollte eine Stütze bekommen, denn ein schwerer Regen kann die langen Stiele mit den dicht gedrängten Blüten auseinanderdrücken.

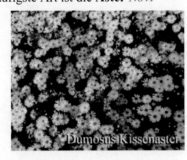
Dumosus Kissenaster

Leider sind die Herbst-Astern bei feuchtem Wetter etwas mehltauanfällig, das ist eben die Eigenschaft der Herbst-Aster. Sicher könnte man durch eine Spritzung den Mehltau reduzieren, ich mache aber nichts dagegen.

Eine Herbst-Aster wächst bei mir an einem Platz, an dem sie nicht so hoch werden soll. Ich schneide dann einfach im Laufe des Sommers die oberen Triebspitzen zwei- bis dreimal zurück, dadurch bleibt der Wuchs etwas niedriger und sie setzen unterhalb der Schnittstelle reichlich Blüten an.

Die Herbst-Astern sind sehr beliebt bei den Insekten. Emsig suchen sie den ganzen Tag nach Nahrung. Es ist auch so ziemlich das letzte Futterangebot in diesem Jahr. Allerdings sorgt ein blühender Efeu an der Hauswand zusätzlich für

Aster Novi belgii

eine gedeckte Tafel für Bienen und Hummeln.

Es gibt aber auch niedrige, flächig wachsende Herbst-Astern wie die Aster **Dumosus-Kissenaster.** Darauf sollte man beim Kauf achten und sich beraten lassen.

Ich beginne nun allmählich mit der **Herbstgartenarbeit.** Für die Stauden, die versetzt oder neu gepflanzt werden sollen, ist jetzt ein guter Zeitpunkt, denn die Pflanzen können noch rechtzeitig einwachsen. Es beginnen jetzt für die Gartenfreunde arbeitsreiche Tage, denn ich glaube, dass jeder Gartenbesitzer seinen Garten, den er mit viel Liebe das ganze Jahr über gepflegt hat, auf den Winter gut vorbereiten möchte.

Der Herbst wurde bedichtet von einem großen Misanthropen und er nimmt es mit Humor:
Er ist so wenig eitel und so sehr klug.
Wahrscheinlich ist der Herbst eine Frau.

Christian Zaschke

Der Sommer hat uns mit vielen wunderbaren warmen und heißen Tagen verwöhnt, wir haben herrliche Sommerabende erlebt und genossen, so nehmen wir mit ein wenig Wehmut Abschied vom Sommer. Ob wir es glauben wollen oder nicht, der Sommer ist dahin!

Nun nimmt das Gartenjahr seinen Lauf und wir stehen am Beginn einer schönen Jahreszeit. Ich genieße den September sehr, die klare und frische Luft, die noch immer wärmenden, schon tiefer liegenden Sonnenstrahlen lassen den Garten in einem besonderen Licht erscheinen. Wenn uns das Wetter hold ist, liegt wiederum ein schöner Gartenmonat vor uns.

Ich komme noch mal auf das Eisenkraut zurück, das noch immer blüht und seine volle Wuchshöhe und Blütenfülle erreicht hat. Es zählt somit auch zur herbstlichen Idylle im Garten. Das hohe Eisenkraut *(Verbenaceae)* wird seit einigen Jahren wieder in Gärtnereien angeboten und ist daher auch in die Gärten eingezogen. Die langen, wenig belaubten Stiele werden bis zu 1 m hoch und harmonieren mit verschiedenen Gräsern und Rosen zusammen.

Die violetten, flachen Blütenbüschel unterstreichen in einer besonderen Weise das Farbbild des herbstlichen Gartens. Das Taubenschwänzchen und viele Schmetterlinge finden besonderen Gefallen an dieser violetten Blume.

Eisenkraut

Eisenkraut ist maximal zweijährig und es samt sich von selber aus. Will man es aber gezielt an einem bestimmten Platz für das nächste Jahr haben, dann legt man einfach an diese Stelle einige Samenkörner ein. Das Verpflanzen der einzelnen Sprösslinge gelingt nicht immer.

Die Gartenarbeit ruft

Der Schnitt der Buchse

Bevor die große Gartenarbeit für den Herbst beginnt, schneide ich jetzt die übrigen Buchse. Da gibt es ja die verschiedensten Formen, die in ihrer individuellen Gestalt erhalten bleiben sollen.

Ich habe jede Menge Kugeln, Pyramiden und kleine Buchshecken. Wenn in den Beeten schon etwas Platz geworden ist, ist es eine große Arbeitserleichterung, wenn ich mir rund um die Staude ein großes Tuch oder eine Folie lege. Es fällt fast der ganze Grünschnitt darauf und die Entsorgung gelingt leichter. Ich verwende als Werkzeug eine gute Heckenschere für die Kugeln und Pyramiden und eine nicht zu große Akkuschere für die Hecken.

Gleichzeitig entferne ich alle abgefallenen Rosenblätter der nebenstehenden Rosen und zupfe beim Auflockern der Erde gleich eventuelles Unkraut aus. So habe ich das Umfeld des Buchs sauber und erfreue mich an dem perfekten Schnitt. Der Garten erhält schon mal ein Bild einer gewissen Ordnung. Auch die Buchse in den Töpfen bekommen einen schönen Schnitt, sie zieren im Winter als Grünpflanze die Terrasse. Übrigens, aus den Schnittabfällen züchte ich mir neue kleine Buchse, die im Garten immer wieder Verwendung finden. Die Tage werden schon merklich kürzer und die Nächte sind auch kühler geworden. Zum Ende des Septembers stelle ich bei einem Spaziergang in der Natur fest, dass die Blätter, besonders die des Ahornbaumes, sich schon gewaltig in ihrer wunderschönen Herbstverfärbung zeigen.

Der **Mönchspfeffer** *(Vitex agnus castus)*, auch
ein Verbenen-Gewächs, bringt mit seinen lavendel-
blauen Blütenrispen einen seltenen Blauton in den
Septembergarten. Bereits im Mittelalter verwendeten
die Mönche den pfeffrig schmeckenden Samen zur
Drosselung ihrer sexuellen Triebe. Der Mönchspfeffer
galt damals als Anaphrodisiacum.

Ich hoffe nun auf gutes Wetter im Oktober, um
meinen Garten für den Winter rüsten zu können.

Oktober

der goldene Monat

Der Herbst ist im vollen Gange, der phänologische Kalender nennt diese Zeit den **Vollherbst**, der **28 Tage** dauert.

Der Herbst ist mir lieb.
Es wird frischer in der Luft,
die Dinge auf der Erde sehen mit einem Male ganz anders aus,
die Morgen sind glänzend und prächtig und die Nächte so herr-
lich kühl.

Robert Walser

Das Säubern der Rosenbeete ist sehr wichtig, denn Pilze und sonstige Rosenkrankheiten, die sich möglicherweise auf den Blättern befinden, überdauern den Winter und sollten daher nicht in den Boden eingearbeitet werden. Diese etwas mühsame Arbeit erleichtere ich mir, indem ich mit einem Kärcher-Sauger die vielen Rosenblätter vom Boden einfach absauge. Das Unkraut zu entfernen und den Boden etwas zu lockern, ist dann wesentlich einfacher zu bewältigen.

Neben der zum Teil mühsamen Herbstarbeit fällt mein Blick auf besondere Kleinigkeiten. Einige Rosenblätter sind wie mit feinem Pinselstrich gekonnt bemalt, sie zieren bescheiden den Rosenstrauch, der schon seine Blütenpracht eingestellt hat.

Die schönen Tage anfangs Oktober nütze ich natürlich, um die neuen Rosen, die noch im Topf stehen und ins Rosenbeet einziehen wollen, einzupflanzen. Nicht nur die neuen, sondern auch einige alte Rosen kann ich versetzen. Es ist jetzt eine gute Zeit, denn der Boden ist noch warm und so ist ein gutes

Anwurzeln garantiert. Ich gebe Komposterde und Mykorrhiza-Granulat dazu, sodass die Rosen die beste Voraussetzung haben sich gut einzuwurzeln, um den Winter schadlos zu überstehen.

Im Vorgarten leuchten jetzt gelbe Flächen auf, denn die Hostablätter haben sich in einen sonnengelben Mantel gehüllt. Die Eichblatthortensie konkurriert mächtig mit ihren sich verfärbenden Blättern. Die Bauernhortensien verzieren ihre Blätter mit dunkelroten Rändern. So schenkt uns der Herbst ein sich immer wieder wandelndes Farbenspiel, das diese Jahreszeit so schön macht.

Wenn die Herbsttage noch sonnig und warm sind, dann soll man sich trotz Arbeit einen Tag gönnen und hinausgehen, um die Schönheit der Natur zu genießen. Eine kleine Pause tut bestimmt gut und der „Zeitverlust" wird durch neue Kraft wieder eingeholt.

Eine wichtige Arbeit im Garten erledigt der reife Kompost. Mit dem **Kompost,** ob aus eigener Kompostmiete oder einem gekauften guten organischen Mistkompost, erhalte ich den besten Dünger für die Rosen und Blühstauden. Das Erstellen eines gut ausgereiften Kompostes ist gar nicht so schwer. Ab einer Gartenfläche von 100 m^2 rentiert sich auf jeden Fall ein eigener Kompost. Sicher gibt es in jedem Garten einen Platz im Halbschatten, wo man vielleicht etwas versteckt eine oder zwei Kompostmieten aufstellen kann.

Ich gewinne alle zwei Jahre eigenen Kompost und zwar zum Nulltarif. Das spart eine Menge Geld, denn ich kann den Rasenschnitt, das Laub und die Küchenabfälle verwenden, um einen guten Kompost im Laufe des Jahres anzusammeln. Der Kompost braucht ca. zwei Jahre, bis er reif genug ist und ausgebracht werden kann. Ein Kompost ist dann fertig, wenn kaum noch Regenwürmer darin zu sehen sind.

Eichblatthortensie

Durch ein Wurfgitter geworfen, ernte ich eine wunderbare Komposterde, die mit wertvollen Inhaltsstoffen gesättigt ist und allen Pflanzen ein gutes Wachstum sichert. Dieses „schwarze Gold" verwende ich zum **Anhäufeln der Rosen**, verteile es bis über die Veredelungsstelle. Zusätzlich bedecke ich das Staudenbeet mit einer leichten Kompostschicht. Dieser reine, organische Kompostdünger reicht für alle Blühstauden aus, so muss

ich im Frühling keinen weiteren Dünger ausbringen. Jeden zweiten Herbst streue ich, wenn es nicht schon im Frühling geschehen ist, biologischen Bodenverbesserer aus, um die Mikrolebewesen zu aktivieren und der Bodenmüdigkeit vorzubeugen.

Die leer gewordene Miete nimmt das übrige Laub auf, welches jetzt im Herbst anfällt und sich zu einem wertvollen Laubkompost entwickelt. Nach etwa 20 cm verrottbarem Material streue ich entweder einen Kompostbeschleuniger oder Steinmehl und Hornspäne ein, was zur Verrottung beiträgt und den zu gewinnenden Kompost mit Stickstoff und wertvollen Mineralstoffen anreichert.

Die Erde der Blumentöpfe, die im Sommer die Terrasse mit einer üppigen Blütenfülle zierten, kommt auch in den Kompost, um sich zu regenerieren, und die dadurch wieder zu einem wertvollen Humus umgewandelt wird. So geht in einem Garten nichts verloren, denn auch der Grünschnitt, der das ganze Jahr anfällt, verrottet im Kompost.

Meine Lieblingsarbeit im herbstlichen Garten ist das Einlegen neuer **Frühlingszwiebeln**.

Es vergeht kein Herbst, in dem ich nicht nach Zwiebeln für das Frühlingsbeet Ausschau halte und den alten Bestand auffülle. Ärgerlich muss ich jedes Jahr feststellen, dass die in den Vorjahren eingelegten Blumenzwiebeln von Früh-

ling zu Frühling mit weniger Blüten erscheinen. Es ist ja leider so, dass wir als Verbraucher und Gartenbesitzer auch dem schnelllebigen Konsum ausgeliefert sind und wir uns dem reichen Angebot nicht ganz entziehen können.

Um meinen Frühlingsgarten aber in reicher Blüte zu sehen, pflanze ich immer einiges an Zwiebeln nach. Vielleicht finde ich ja noch die eine oder andere Sorte, die neu am Markt ist. So freue ich mich jetzt schon auf den nächsten Frühling.

In Großmutters Garten haben die Tulpen und Narzissen jahrelang zahlreich geblüht, ohne dass sie ergänzt werden mussten. Zu dieser Zeit kamen alle Jahre wieder die Tulpen und Narzissen in reicher Blüte. Ich glaube auch, dass damals der Garten mehr eine Versorgerfunktion hatte, und weniger ein zierendes Element war, so wie heutzutage. Sicher wäre dieser Aufwand mit jährlicher Zwiebelnachpflanzung zu kostspielig gewesen und die Zeit für diese Arbeit war einfach nicht vorhanden. Außerdem gab es noch nicht die Sortenvielfalt von heute mit ihren vielen Neuzüchtungen, die meines Erachtens eher kurzlebig und auf Verbrauch hin gezüchtet sind.

Bei der Neupflanzung der Frühlingsblüher schneide ich die meisten **Clematis** auf einer Bodenhöhe von 30 – 50 cm ab, lasse aber die übrigen Ranken am Gerüst eintrocknen. Die Herbst-

und Winterstürme sorgen dafür, dass die Clematis im Frühling alle Blätter abgegeben hat und so kann ich die kahlen Ranken im Frühling zu verschiedenen Dekorationsmöglichkeiten verwenden.

Auch trotz schlechtem und oft kaltem Wetter muss es mir gelingen, bis Allerheiligen meinen Garten für den Winter fertig zu haben. Ich nutze jede freie Stunde, um draußen zu arbeiten. Es gibt ja auch noch andere Verpflichtungen, denen ich gerecht werden muss. Am liebsten würde ich die ganze Herbstarbeit ohne Unterbrechung fertigbringen, aber das gelingt mir nicht. Außerdem sind der Rücken und das Kreuz sicherlich dankbar, wenn sie sich nicht ständig in unbequemer Lage befinden müssen.

Hermann Hesse drückt es treffend aus:

Im Übrigen bin ich nicht ungern Sklave meines Gartens,
wo ich samt meiner Frau fast jede Minute arbeite.
Es macht mich sehr müde und ist auch etwas zu viel,
aber mitten in alledem, was die Menschen heute tun,
fühlen, denken und schwatzen,
ist es das Klügste und Wohltuendste, was man tun kann.

Ich kann diesem klugen Mann nur Recht geben. Bei uns sieht das aber etwas anders aus. Da bin ich diejenige, die jede freie Minute im Garten arbeitet und die Beete pflegt und das Gartenbild gestaltet. Mein Mann hilft mir bei den schweren Arbeiten, wie den Kompost durch ein Gitter werfen. Das ist eine kraftraubende und sehr wichtige Arbeit.

Oktoberlied

Der Nebel steigt, es fällt das Laub;
Schenk ein den Wein, den holden!
Wir wollen uns den grauen Tag
Vergolden, ja vergolden!

Die blauen Tage brechen an,
Und ehe sie verfließen,
Wir wollen sie, mein wackrer Freund,
Genießen, ja genießen!

Theodor Storm

Bei aller Liebe zum Garten ist es unbedingt notwendig, sich einen schönen Tag für einen Herbstspaziergang oder einen Ausflug zu gönnen. Das bunte Laub an den Bäumen und die wie in Gold getauchte Landschaft erfreuen die Seele. Die frische Luft gibt neue Kraft für das, was uns noch an Arbeit bevorsteht.

Wenn dann alles geschafft ist, gehe ich mit großer Genugtuung durch den für den Winter ausreichend versorgten Garten und freue mich auf eine etwas weniger kraftraubende Zeit.

Mit diesem Vorhaben können wir gelassen in den ruhigeren November gehen.

November

Abschied vom Gartenjahr

Der **Spätherbst** hat uns längst erreicht, der phänologische Kalender gönnt uns **nur 17 Tage** dafür.

Im Garten kehrt bald Ruhe ein.

Die herrlichen Herbsttage der letzten Zeit haben gezeigt, wie schön der Herbst sich verabschieden kann. Kalte und auch schon frostige Nächte lassen die bunte Pracht der Laubblätter zu Boden tanzen. Kein Herbststurm reißt sie von den Ästen, sondern leise, man kann es hören, fallen sie zu Boden.

Dieses Laub verwende ich zur Abdeckung für die Hortensienbüsche. Es ergibt mit der Zeit nahrhaften Laubkompost und lockere Erde. Hortensien lieben bekanntlich sauren Boden.

Aber wenn doch starke Winde ums Haus pfeifen, dann sammelt sich das **Laub auf der Wiese** an. Es soll aber nicht dort liegen bleiben. Schnee und Feuchtigkeit auf den Blättern bilden Schimmel und die Grashalme leiden darunter.
Hässliche Flecken im Frühling sind die Folge, die man nur schwer beseitigen kann.

Auch auf die Blumenbeete verteile ich das Laub. Es schützt den Boden vor starkem Frost und die Bodenlebewesen ziehen sich die Blätter zur Nahrung ins Erdreich; daraus entsteht Humus, der für die Beeterde einen wertvollen Dünger abgibt.

Ein Laubhaufen, in einer geschützten Ecke abgelegt, ist für den Igel ein willkommenes Winterquartier. Zeigt sich ein **Igel** um diese Zeit noch in der Dämmerung, werde ich ihn füttern. Vor allem, wenn es sich um einen kleinen stacheligen Gartenfreund handelt, freut sich der über Katzenfutter, ein eigenes Igelfutter oder auch über ein ungesalzenes Rührei. So erleichtert man sein Überleben über den Winter. Er muss sich ja noch genügend Winterspeck anfuttern. Wenn der Igel einige Tage hintereinander sein Futter nicht mehr frisst, kann ich annehmen, dass er sich zur Winterruhe begeben hat.

Auch ein Eichhörnchen tummelt sich munter im Garten. Eine Korkenzieherhasel zieht es an, es erntet die Nüsse und vergräbt sie an verschiedenen Stellen im Garten. Es kommt im Winter

zu Besuch, wenn es nach einer „Schlafpause" wieder hungrig ist. Dann findet es hoffentlich noch seine Vorräte. Wenn es viel Schnee gibt, kann ich mir vorstellen, dass es für das Eichhörnchen schwierig wird, den

Futtervorrat wieder zu finden. Aus diesem Grund hat mir mein Mann ein artgerechtes **Futterhaus für das Eichhörnchen** gebaut. Ich weise immer wieder auf die Notwendigkeit der Erhaltung und Pflege unserer heimischen Tierwelt hin, um eine ausgewogene Artenvielfalt zu bewahren. Die **Futterstelle** für unsere Gartenvögel findet auch wieder ihren Platz im Garten.

Manchmal ist das Wetter im Oktober und November noch sehr mild, dann ernte ich die allerletzten Rosen des Jahres. Für mich ist das eigentlich der wertvollste Rosenstrauß, denn jede „letzte Rose" im bunten Gebinde erfreut mich in ihrer vergänglichen Schönheit.

Die Blätter der Bäume sind alle abgefallen, und es wird,
wie man es nicht anders erwarten darf, – einsam.
Trotzdem ist der Garten reich an Sonnen- und Mondschatten,
und wenn ich die am Himmel sichtbaren Sterne sehe,
bin ich glücklich, dass mich nichts dabei hindert.

Tokutomi Ruka

Mit gutem Gewissen habe ich nun mein kleines Reich für den Winter vorbereitet.

Es wird still in und um den Garten. Ich mag den November sehr gerne.

Die Natur begibt sich in eine Ruhepause, um im nächsten Frühling wieder mit neuer Kraft und Energie in die warmen Jahreszeiten zu gehen.

Für uns Gärtner ist nun nach heftiger und manchmal mühsamer Gartenarbeit eine Zeit der Ruhe angesagt. Diese sollen wir nützen, um vielleicht ein kleines Schauspiel der Natur zu bewundern, wenn an manchem Morgen der Raureif die Gräser mit glitzernden Kristallen ziert oder eine allerletzte Rose über Nacht ein Schneehäubchen bekommen hat.

Ist das nicht herrlich? Da soll noch einmal jemand sagen: „Der November ist grau und hässlich".

Um dieser Meinung entgegen zu wirken, schmücke ich **die Terrasse mit winterlichem Grün**, und herbstlichen Topfpflanzen.

Wenn alle Blüten und Blätter abgefallen sind

Der November zeigt sich von seiner trüben und unfreundlichen Seite. Keine bunten Blüten oder gelbes Laub erhellen unseren Blick aus dem Fenster.

In meinem Garten ziehen jetzt ganz andere Dinge die Aufmerksamkeit auf sich. Im Laufe der Jahre habe ich Kunstobjekte aus Ton gesammelt. Die Unikate stammen von der Kunstkeramikerin Gertrud Steindl aus Österreich.

Diese wunderbaren Figuren, Kugeln und Zapfen sind hoch gebrannt und können daher auch im Winter ihre Attraktivität im Garten zeigen. Sie kommen jetzt besonders gut zur Geltung, weil keine Blumenblüten und Rosen mehr den Blick darauf ablenken. So gesehen erhält der Garten einen neuen und außergewöhnlichen Charme, den ich nicht missen möchte.

Diese beiden sehr ausdrucksstarken Figuren „der brave und der schelmische Engel" habe ich von der Künstlerin Marianne Schweigler aus Breitbrunn am Ammersee erstanden. Mit Laternenlicht erhellt bekommen sie nun jedes Jahr einen Platz vor dem Fenster.

An den dunklen Abenden, die immer näher kommen, zünde ich gerne Kerzen in Laternen an, die ein warmes Licht in die Dunkelheit bringen.

Bei gutem Wetter habe ich jetzt Zeit und Lust, im Wald einen Spaziergang zu machen, um allerlei Dinge für den winterlichen Terrassenschmuck zu sammeln. Viele verschiedene kahle Zweige, Zapfen und Tannengrün, ergänzt mit Eibenzweigen, Wacholder und Buchsbaumschnitt aus meinem Garten, lassen sich zu hübschen kleinen Kunstwerken verarbeiten.

Nahe an der Terrassentür stehen einige Töpfe, gefüllt mit Schneeheide, Eibenzweigen und Mahonienblättern. Die Buchskugeln im Topf ergeben einen grünen Hintergrund, einige Silberzapfen in die Mitte gesteckt, und ein schöner Winterschmuck ist fertig. In die Zwischenräume habe ich noch Zwiebeln für weiße Krokusse eingelegt, so ist für den Start des Frühlings schon gesorgt.

Hagebutten, die sehr dekorativen Blütenstände der wilden Clematis, Zapfen verschiedener Art, bemooste Zweige, Hortensienblüten und vieles mehr eignen sich wunderbar für eine **adventliche Dekoration**.

Meine Enkelkinder halfen mir beim Sammeln von Föhrenzapfen, sie hatten viel Spaß dabei und schnell war ein Weidenkorb voll beisammen. Für diesen großen Kranz benötigte ich ziemlich viel Material.

Die Natur bereitet sich auf die immer kürzer werdenden Tage vor. Die Sonnenstrahlen berühren die Landschaft nur noch mit flach einfallendem Licht. Kahl und dunkel stehen die nackten Laubbäume entfernt am Horizont und über die Wiesen und Felder erhebt sich eine weiße Nebelschicht.

An diesen langen Abenden entsteht so manches hübsche Kunstwerk, das den späten Herbst und den nahenden Advent gemütlich machen wird.

Wenn im Herbst die Bauernhortensie „Red violett" sehr schön geblüht hat, binde ich die reifen Blüten zu einem dichten Kranz. Mit etwas Floristenlack besprüht, erscheinen die Blüten wie frisch gepflückt und verleihen dem Kranz einen geheimnisvollen Schimmer. Eine dicke Kerze in die Mitte gesetzt, rundet das Kunstwerk ab, und ich kann mich über einen ganz besonderen und individuellen adventlichen Tischschmuck freuen.

An einigen Beispielen kann man sehen, dass der kreativen Fantasie keine Grenzen gesetzt sind. Mit viel Freude am Gestalten habe ich verschiedene Kränze kreiert.

In diese Kränze konnte ich gut meine gesammelten Hortensienblüten einarbeiten. Mit Gold- oder Silberspray besprüht und passenden Kugeln entsteht ein sehr eleganter und festlicher Weihnachtsschmuck.

Überall macht sich schon adventliche Stimmung breit, der erste Advent naht und daher ist es auch nicht mehr zu früh, an einen adventlichen Tischschmuck zu denken.

Die getrockneten Blütenstände des Agapanthus und der Samthortensie geben einem Kranz eine besondere Note.

So endet der November in bereits adventlicher Stimmung.

Dezember

der Christmonat

Die letzten drei Wochen vom November zählen laut phäno-
logischem Kalender schon zum **Winter**. Es sind die meisten
Tage in den zehn Jahreszeiten dieses Kalenders, eine lange
Zeit, nämlich **113 Tage**.

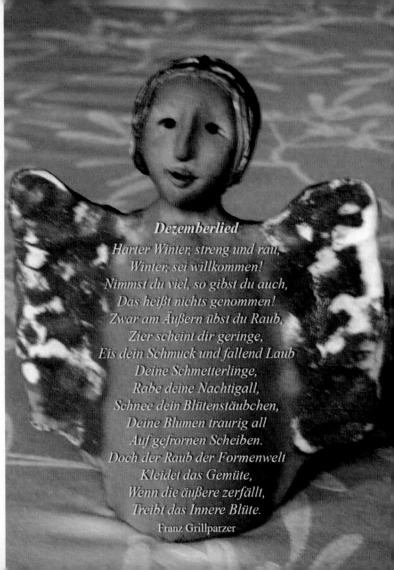

Dezemberlied
Harter Winter, streng und rau,
Winter, sei willkommen!
Nimmst du viel, so gibst du auch,
Das heißt nichts genommen!
Zwar am Äußern übst du Raub,
Zier scheint dir geringe,
Eis dein Schmuck und fallend Laub
Deine Schmetterlinge,
Rabe deine Nachtigall,
Schnee dein Blütenstäubchen,
Deine Blumen traurig all
Auf gefrornen Scheiben.
Doch der Raub der Formenwelt
Kleidet das Gemüte,
Wenn die äußere zerfällt,
Treibt das Innere Blüte.

Franz Grillparzer

Welche Gartenarbeiten im Dezember auf mich warten	
• Topfpflanzen in ein frostfreies Quartier bringen	S. 144
• Empfindliche Rosen mit Vlies schützen	S. 144
• Gartenwerkzeug säubern	S. 145
• Streugut besorgen	S. 146

Ich stelle schon Ende Oktober die zu **überwinternden Topfpflanzen** an einem überdachten und trockenen Platz zusammen. Das Gießen wird ab dann ziemlich reduziert, um die Pflanzen auf eine karge Zeit einzustimmen.

Wenn die Nächte dann kalt werden, bringe ich alle frostempfindlichen Pflanzen in einen geschlossenen Raum. Ich habe dafür in der Garage Platz und Licht. Bei starkem Frost gleicht ein Frostmelder die Temperatur aus. Ein Heizstrahler, der auf 4 – 5 °C eingestellt ist, verhindert so das Erfrieren der wertvollen Pflanzen.

In mein Winterquartier ziehen ein: Der Lorbeerbaum, ein großer Rosmarinstrauch, ein Zitronenlorbeer, die Olivenbäumchen, ein Geranienbäumchen und der Salbeibusch. Außerdem zieren einige andere wertvolle Topfpflanzen im Sommer die Terrassen, wie der Oleander, die Bleiwurz oder Plumbago, das Solanum oder Kartoffelblume genannt, das Wandelröschen oder Lantana und einige nicht winterharte Pflanzen, die in einem frostfreien Raum überwintert werden müssen.

Grundsätzlich gilt:

- dunkler Raum und kalt, aber nicht unter 0 °C:
  nur selten gießen

- heller Raum, der nicht zu warm ist, maximal 10 °C:
  etwas öfter gießen, aber nicht zu viel, die Wurzeln könnten sonst faulen

Der Energieverbrauch reguliert sich im Winter von selbst.

Alle Rosen im Topf bleiben im Freien, allerdings an einer überdachten und geschützten Stelle. Auch hier gieße ich nur an milden Wintertagen manchmal die Töpfe, um sie vor dem Austrocknen zu bewahren.

Ein Vliesmantel für schützenswerte Rosen und Stauden

Diese Arbeit ist abhängig von der Witterung:
Ist der Dezember noch mild und die Temperatur liegt weit über dem Gefrierpunkt, dann ist es besser, mit dem Vlies noch zu warten. Die Pflanzen sollen sich langsam auf die kalte Jahreszeit umstellen können. Ein zu früher Schutz würde das frühzeitige Antreiben der Knospen bedeuten, die dann bei starkem Frost sicher erfrieren würden.

Ich warte den Wetterbericht ab und erst, wenn eine kalte Frostperiode angesagt wird, lege ich meinen Stauden ein Wintermäntelchen um. Sollte sich der Winter doch schon vorstellen und den Garten mit Schnee bedecken, dann sehen die Rosen wieder wie braune Wintermännchen aus, die weiße Mützen tragen.

Das **Gartenwerkzeug** und sein Besitzer sehen es natürlich gern, wenn Spaten, Rechen und Co. fein säuberlich an ihrem Platz hängen. Na ja, man muss es ja nicht übertreiben, aber eine gewisse Ordnung ist schon gut. So freuen sich die Ast- und Rosenschere über einen Tropfen Öl und der Rasenmäher, befreit von trockenem Rasenbelag, über ein gutes Winterquartier.

Eine einzige "Rose", die mich durch den Winter begleitet, ist die Christrose. Durch ihre Winterhärte ist sie weitgehend unempfindlich gegen Kälte und Reif. An einem geschützten Plätzchen strahlen ihre weißen Blütensterne bis über Weihnachten in das neue Jahr hinüber. Nur bei starkem Frost lässt die Christrose ihre Köpfchen hängen. Sobald es wärmer wird, stehen die Blütenstiele wieder auf und wenden sich der Sonne zu.

Die **Christrose**, auch Weihnachtsrose oder Schneerose genannt, erfreut uns dank oft noch milder Witterung in ihrer vollen Blütenpracht. Sie gehört zur der Gattung **Nieswurz** *(Helleborus niger)* und kommt aus der Familie der **Hahnenfußgewächse** *(Ranunculaceae)*. Die deutsche Bezeichnung für

Christrose

Nieswurz stammt daher, dass man aus den Wurzeln früher Schnupftabak herstellte.

Die Christrose ist in der Natur in den Alpen, im nördlichen Balkan und in den Julischen Alpen rund um den Triglav beheimatet. Man findet sie bis zu einer Höhenlage von 1900 m. Die Schneerose ist nach der Bundesartenschutzverordnung besonders geschützt und steht auf der Roten Liste Deutschland und ist in der Gefährdungsgruppe 3. Jedes Ausgraben der Naturschönheit ist absolut verboten. Gartenbetriebe kultivieren sie inzwischen so, dass sie pünktlich zu Weihnachten erblüht.

Helleborus niger

Ein halbschattiger Standort im Garten mit kalkreichem, humosem Boden lässt sie langsam zu einer wunderschönen winterlichen Blütenstaude heranwachsen. Sie soll möglichst ungestört an ihrem Platz gedeihen können. Da sie ein flaches Wurzelwerk besitzt, reagiert die Christrose auf unnötiges Umgraben sehr empfindlich. Wenn der Standort gut ist, kann sie sehr alt werden.

Trotz Schönheit der Christrose ist Vorsicht geboten: Die Familienmitglieder der Ranunkula-Gewächse sind alle giftig. Der Saft der Wurzeln kann Reizungen und Entzündungen auf der Haut hervorrufen. Die Inhaltsstoffe wie Saponine oder Helleborin befinden sich in allen Pflanzenteilen. Aber wer von uns isst schon eine Christrose?

Es gibt etwa 20 Helleborus-Arten. Ich liebe diese schöne Pflanze sehr, ziert sie doch fast jedes Jahr im Winter dicht am Haus stehend meine Terrasse.

Auf eine Christrose

Die Schönste bist du, Kind des Mondes, nicht der Sonne.
Dir wäre tödlich andrer Blumen Wonne,
Dich nährt, den keuschen Leib voll Reif und Duft,
Himmlischer Kälte balsamsüße Luft.

Eduard Mörike

Eine Legende bestätigt den Namen der Christrose

Die Hirten waren auf dem Weg nach Bethlehem und bis auf einen hatten alle ein Geschenk für das Jesuskind mit. Dieser kleine Hirte war darüber sehr traurig und weinte bitterlich. Da es zu dieser Jahreszeit keine Blumen auf Wiese und Felder gab, konnte er nicht einmal einen kleinen Blumenstrauß pflücken. Seine Tränen fielen auf das Erdreich und daraus entwickelten sich weiße Blüten, die wie kleine Rosen aussahen. Überglücklich pflückte er die sogenannte Christrose und brachte sie stolz dem Christkind in den Stall.

Wie die letzten Jahre gezeigt haben, kommen Schnee und Kälte immer später und der Traum von weißen Weinachten geht fast nicht mehr in Erfüllung, dennoch sollten wir mit **Streugut** gerüstet sein. Ein Eisregen ist nie auszuschließen.

Die Gartenarbeiten sind nun endgültig abgeschlossen und wir können uns auf den Dezember mit allen seinen schönen Seiten konzentrieren.

Eine wunderbare Zeit beginnt. Die meisten Menschen pflegen einen schönen Brauch und haben in ihrem Zuhause einen Adventskranz. Ob selbst gebastelt oder käuflich erworben, so freuen wir uns, jede Woche eine Kerze mehr anzünden zu können. Besonders die Kinder mögen es gerne, wenn es mit jedem neu entzündeten Licht näher an das schönste Fest im Jahr, das Weihnachtsfest, geht.

Ich habe mich entschlossen, einen Adventskranz zu winden, den ich jedes Jahr wieder
verwenden kann. Die unterschiedlichen jährli-
chen Dekorationen lassen ihn immer wieder anders erscheinen. Der Fantasie ist da keine Gren-
ze gesetzt. Bei einem Spaziergang in den Isar-
auen habe ich die Lianen gesammelt und um
eine Aufhängung aus Metall gewunden. Das
war eine ziemlich anstrengende Arbeit und hat
etwas gedauert. Mit dicken Kerzen, Schleifen
und Eibengrün sieht der etwas rustikale Kranz
hübsch aus und passt sehr gut in den Raum.

Es wird immer schwieriger, Bindematerial für
einen großen Kranz zu bekommen. Bei meinem
Kranz brauche ich nur wenige grüne Eiben-
zweige, die ich von der Eibe aus dem Garten
abschneide.

Leider immer seltener beschenkt uns die Natur
zu Weihnachten mit Schnee. Zu Zeiten unserer
Großeltern und Eltern war eine schneebedeckte Landschaft
um das Weihnachtsfest fast immer gegeben.

Durch die Erderwärmung und die milden Luftströmungen aus
dem Süden beschert uns der Wettergott schon generell den
üblichen Weihnachtsföhn.

Gelingt es gelegentlich doch und es schneit zwischen den
Weihnachtstagen, ist das für alle eine große Freude. Der Garten ist mit einer Schneedecke bedeckt und hebt zusätzlich die
weihnachtliche Stimmung. Da zeigt sich dann sehr gut, wie
ein Garten auch im Winter ein Bild der Harmonie und Sinn-
lichkeit ausstrahlen kann.

Dafür habe ich das ganze Jahr über gesorgt. Mit einer gezielt
gestalteten Bepflanzung von wintergrünen Gehölzen, Rosenbögen oder Obelisken, besonders schönen Steinen und meinen Künstlerobjekten zeigt sich der winterliche Garten in einem besonderen Charme. Manchmal verzaubert auch der
Raureif den Garten in eine glitzernde Traumwelt.

Wenn die Dunkelheit am größten ist,
ist die Kraft des Lichtes am stärksten,
denn es wird sie besiegen.

Chinesisches Sprichwort

Mit dem Dezember geht das Gartenjahr zu Ende.

Zufrieden schaue ich auf das vergangene Jahr
zurück. Manches habe ich im Garten verändert,
es wird sich zeigen, ob es im nächsten Jahr so wird,
wie ich es mir vorgestellt habe.

Eine kleine Sehnsucht nach dem nächsten Frühling
macht sich schon ganz leise bemerkbar.

Das Eigentliche, das Beste liegt vor uns.
Jedes weitere Jahr bedeutet mehr Wuchs und
mehr Schönheit.

Gott sei Dank,
dass wir bald wieder ein Jahr weiter sind!

Karel Čapek